後山族群之歌

THE SETTLERS' STORIES IN TAITUNG

林建成———著
LIN JIANN-CHERNG

〔目錄〕

〔自序〕後山土地是黏的　　文⊙林建成　⑧

［後山‧歷史留痕］

［後山 ❋ 名人傳奇］

［後山‧老厝故事］

［後山 ◈ 山海秘境］

［參考書目］

【自序】

後山的土地是黏的

文●林建成

　　常常認為「是後山的就應該歸給後山」，長時間以來後山在外界印象裡是陌生而神秘的，掀開這塊土地面紗後發現山海大地是如此美麗與動人，先人留下豐美的文化也一直活躍著，祗怪我們不夠認真去多瞧一眼。

　　其實後山人常掛在嘴邊的一句話是「後山的土是黏的」，住在這塊土地上久了方知它的涵意，道盡了後山族

　　群與土地的愛戀情結，和對大地無限的崇敬和依戀。

　　後山的土地版圖廣闊，開發時間僅百二十餘年，在歷經荷蘭、清朝、日本人先後治理到國府治台迄今，這一塊土地「黏過」眾多族群，披荊斬棘開創家園，處處留下拓荒的痕跡，因而稱後山開發是一部血淚交織史並不為過。

　　儘管時間不長，但是邊陲後山的史實在台灣史上的位置並非明顯，往昔移居後山的刻板印象又以流放、債務甚至逃犯者多，讓人難以洗脫掉先入為主的觀念，加上天災和人禍，許多珍貴史料及檔案喪失或遭焚毀，後山一路走來面貌好像是十分模糊的。

　　在後山從事文化工作多年，土地上不同族群的人們部份仍然對於傳統「後山」的名稱頗為在意，有許多人甚至不願意接受，認為是過去迄今這塊土地有意無意間受到遺忘和冷落，「後山」一詞僅是代表未開發和落伍的象徵，實在讓人難以啟齒。

　　晚近後山以質量均優越的大自然景觀資源，同時保存原住民族群文化傳統素樸的特質和與外來族群文化的衝擊、融合所產生的新文化現象，更突顯出其豐富內涵，也打開了「發現後山」的視野。除此之外，土地上還留下了台灣開發史實上難得再現的拓荒腳印，保留在年邁歷經滄桑的老一輩身上，見證了台灣最後一塊淨土的蛻變。

　　為了蒐集土地上的腳印，重構當年後山的面貌，四、五年來透過史籍追尋和田野的奔波，讓我見識到了後山人

樸實的外貌之外，其實有著一股勇猛堅毅精神及無窮的刻苦耐勞宿命性格，辛勤地在廣闊的土地與浩瀚大海繼續搏鬥。

很想把拓荒的那份辛酸、那份豪氣藉著文字記載下來，同時更希望將後山獨具的文化特質表現出來，把後山的榮耀還給後山人共享，只是個人能力實在有限，無法逮獲住每一個瞬將消逝的足跡。

曾經為了採集一段古老的傳說，我和三、四位原住民長者比手劃腳，用彼此稍可意會的語言溝通了一個上午，在加起來近三、四百歲的老人記憶中搜尋舊日的情景，歲月流金的長河裡，從未想過多少年後，世代交替讓我們相聚在一起，聽著已經失傳的故事。

也單獨採訪過疾病纏身的老者，一面翻閱舊相簿，一面輕輕嘆息，也回憶跟著老人到後山討生活的往事時，數度哽咽拭淚而停頓，那一些過往雲煙在老人家心目中是永遠難以抹去的無奈與痛楚。

更多時候走在偏僻鄉間和老人家聊完天後，老人掌握難得的機會，要求留下當日的影像片斷，也許多少年後，它是一個回顧、一個記憶，使我想起了舊年代相簿上的老照片不都是這麼一路走過來，簡單的留影卻提供了無比珍貴的記錄。

這本《後山族群之歌》是繼《後山原住民之歌》後另一份認識後山的資料，企圖搜出沉寂已久屬於後山文化的

背後源頭，讓更多後山土地蘊育下的風土人物再度展現其風華，希望給後世子孫挺起胸膛自傲，畢竟後山是懷有珍貴文化瑰寶的地方。

感謝在過程中所有幫助過我的老少朋友，那一段日子裡，只要在文獻上的蛛絲馬跡或者打探到會「說故事」的長者我都不放過，三番兩次求救叨擾，有的朋友被我數度催促、約定探訪到搜尋舊照片等一連串動作打擾後，甚至連聽到電話心中都駭怕，不過絕大多數皆熱心地排除萬難，或許這也是後山人另類熱情黏人的表現吧。

也特地要謝謝玉山社魏淑貞總編輯的支持，以後山為題材的出版書籍，恐怕是玉山社最有心了，後山的面貌有幸在她經營下應該會最完整；另外編輯蔡蒸美的辛勞和多方費心協助，終於能夠完美的呈現，一併在此致敬。

後山 歷史留痕

後山這塊土地有過許多族群，

他們披荊斬棘，開創家園，

處處留下拓荒的痕跡，因此

後山開發更是一部血淚交織史！

荷據與清領時期的利家

▲ 利家部落的出入口。

「利家」是卑南八社當中的一個部落，在後山過去兩三百年的腳步中，它曾經數度遭到荷人、清廷討伐及大火焚村，是後山近代史中最壯烈的征戰地。

史載明崇禎年間（約一六四一年），荷人「衛謝林特」到東部卑南覓探勘探金，不料在「大巴六九」（今泰安村）、「呂家罔」（今利家村）受居民招待，但當夜卻被殺害；隔年熱蘭遮長官以復仇為名征討大巴六九及利家部落，並燒毀村落後離去。

清光緒十四（一八八八）年，「新開園」（今池上）民眾劉添旺等因水尾墾撫局雷福海委員徵收田畝清丈費不公，乃聯合阿美族征討卑南廳署，七月集結了利家部落六、七千民兵燒毀廳署，並圍攻鎮海後軍營，台灣巡撫劉銘傳緊急奏請派兵支援，北洋艦隊丁汝昌率軍艦巡弋，並以大砲攻打利家部落，才平息事件。

利家部落在十六至十八世紀後山開發中扮演舉足輕重角色，其中族人擁有強悍、勇猛的性格是原因之一，而對於文明新事物的接納也迅及反省，培養出高度的信心、耐力更是不可或缺。

利家部落的耆老「彭衣亞」漢名「高德儀」，日治時代與同村的三名族人自行留日，進入東京「中野高等無線電信學校」就讀，身為原住民，在當時民風閉塞、

又缺乏經濟基礎的情況下，確實需要十足勇氣，「彭衣亞」等三人在昭和十七（一九四二）年畢業，同行的一名族人因戰爭期輪船遭到轟炸而亡，兩人乃匆匆收拾行李返鄉。

由於彭衣亞學的是無線電，日人指派他擔任警察職務，戰後他延續警職，在一九五三年退休，一九六八年還競選上一屆的卑南鄉民代表，現今與老伴「席麻勾」（高月蘭）在故鄉利家過著退隱式的生活。

七十七歲（一九九七年）的彭衣亞在利家部落具有良好的教育背景，對於過去族人口傳的歷史資料記憶深刻，也是少數能夠道出利家歷史上與荷蘭人、中國人接觸點滴的人物。

據彭衣亞所述，明朝時期，利家舊部落位於後方山區的「勘大卡勒」，有六個「巴拉貫」（聚會所），每個巴拉貫共計有五百位壯丁輪流把守，年輕人除了上山打獵外，平時也有人在村落內巡邏，外人很難侵入部落。

有一次巡邏族人發現到一個奇怪的人物，他的頭髮是紅色的，嘴上咬著「會發出紅光的香煙」，族人與他比手劃腳，由於語言不通，雙方並無法了解。紅頭髮人後來帶著大批軍隊來攻打，利家部落人根本不畏強勢，推出了部落中巫師法術最高強的「尼流」去阻擋軍隊，「尼流」擁有三十套巫術本領，法器皆放置在「哈達布勒」竹筒內，他施法做「巴里西」，剎那間紅頭髮的槍管無法發出子彈來，手拿的大刀也只能舉起不能砍下，連大砲也無用武之地。

利家族人隨後以英勇的行為，衝入紅頭髮群中，舉起番刀砍下人頭，嚇得紅頭髮人喪膽送命，僅留下一名大聲求饒的人，族人將他帶回去幫助農作。紅頭髮人相當聰明，擅長製作各式用具，雖然他不懂卑南語，但是靠著「嗯、嗯」的聲調和手勢，居然為利家人發明了「牛車」交通工具，另外也製作了犁田的器具，讓族人在旱地上耕作能夠節省力氣。

彭衣亞說，該名紅頭髮人據說還跟部落族人通婚，其後代身材十分高大、皮膚白皙，面貌長得極為帥氣，利家部落人皆以「荷蘭拉」來稱呼。

荷蘭人走了之後，留下了三門大砲，

▲阿莉克位於大俱來的家。

▲利家部落大門現為派出所。

利家部落將其分別佈置在「沙里金」
——部落入口處和兩旁各置一門當作防禦
武器，獲得該新式武器的利家部落如虎添
翼，聲勢大漲凌駕在其他族群與部落之
上。彭衣亞說，此舉卻也遭來南王部落的
忌妒，一方面害怕利家部落超越，遂趕緊
寫信向清廷報告說利家人太兇，應該給予
教訓。

清朝人隨後大舉來犯，率領數千軍隊
浩浩蕩蕩地朝「勘大卡勒」進兵，他們一
路吹著喇叭，帶著大面旗幟、並搖旗吶喊，
族人只聽懂「來、來、來」的語氣，其餘
地就不知道清兵是用何招式應戰了。在千
鈞一髮危機存亡之際，利家部落外圍的三
門大砲齊聲大作，隆隆的砲聲震撼山谷，
清兵全數擠在一條窄小的通路上進退不
得，紛紛中彈身亡，死屍遍野。彭衣亞表
示，整個部落上血流成河，慘不忍睹。

清軍挫敗後不敢輕視利家部落的實
力，重新整編並補給軍備，企圖做第二次
的進攻，這一次清兵小心翼翼地觀察地
形，且和鄰近的大南魯凱族連繫，得悉有
一條山路可以繞到「勘大卡勒」背後，於
是兵分兩路包圍整個「勘大卡勒」。

彭衣亞說，利家部落人早就聽到魯凱
族人通風報信給清廷，先一步撤離「勘大
卡勒」，俟清兵抵達發射燃燒的箭，造成
村落大火，熊熊火焰直冒，染得整個山通
紅，部落付之一炬。該場火攻造成了利家
部落茅草石板屋全毀，彭衣亞說，族人則
僥倖躲過一劫，僅一名婦人要回去送飯，
而喪命在大火中。

兩場利家部落的重要戰役，許多老一
輩人多多少少有聽上一代祖先提及過，代
表著當年利家部落曾經是一支英勇的百戰
雄兵，歷史舞台的更迭讓現代利家部落族
人不勝唏噓。

【紅毛人在長濱與大武】

在東海岸阿美族群中，有紅髮白皮膚
的族人於偏遠傳統的「大俱來」部落中出
現，尤顯得特別突兀，鄉人引為奇談；在
當地的外國傳教士希望將孩童帶回國收
養，地方口耳相傳此係荷蘭異族留下的隔
代遺傳點滴痕跡。

荷蘭人腳印在後山土地上駐足過，從
《巴達維亞城日記》中曾經記載，一六三
七年四月，荷蘭「傑里安生」中尉到後山
「卑南覓」與卑南王達成協議後，留下佐
理商務員「衛斯林特」長駐該地。而「衛
斯林特」曾以為了調查「達拉哥布」的宗
教為名，派了兩名荷蘭人留在當地，而行
收集採金訊息之實。

「衛斯林特」等人在「達拉哥布」地
方十分活躍，也打探到了土著中有戴薄金
項鍊的習慣，據說是從「水連尾」或「得
其黎（溪）」而來，由其記載中：「當地
有美麗港灣，適合帆船泊碇，入口有沙洲，
船隻難以入港」，地方推測以該地理特
徵，東海岸溪口可泊船且有島可避風的，
應該是指秀姑巒溪出海口，即今日的大港
口附近。

大港口在阿美族語中稱「及布」，意
思即河口，清光緒十三年，卑南同知歐陽
駿曾計畫在此開闢港口，乃有「大港口」
稱謂。長濱鄉大俱來阿美族人中有一支系
——「阿莉克」家族，其父親輩就是從大
港口遷徙至樟原再到大俱來定居。

「阿莉克」先後與「樟拉烏貴」、
「馬要」結婚，並生下了六名子女，其中
與「樟拉烏貴」所生一名女兒，名叫「菲

達」，另與「馬要」生下了五個子女，一名女兒夭折，剩下四個中有兩男一女頭髮為紅色、皮膚為白色的。

已經嫁到長光部落的「菲達」回憶說，小時候弟妹長得與其他族人不一樣，頭髮是紅紅的、眼睛瞳孔是藍色的，像貓一般閃爍，另外皮膚是白色的，如果太陽曬久了有黑斑跑出來。因為長相不同，經常在背著出去玩時被村人欺侮。

「菲達」說，印象中戰後教會發放救濟物品，他們家常有人以美國製作的麵粉袋子當成衣服，包在一起丟給他們。而到部落內傳教的外國傳教士則認為三個白皮膚的孩子十分漂亮，有意帶到國外去收養，但遭到其母親拒絕，紅髮的弟妹們也因為害怕而躲在房間裡。

▲ 阿莉克在南非的兒子生活照。（阿莉克提供）

「菲達」提到，弟妹們長大後就離開家，其中妹妹嫁到桃園，一個弟弟在台中、一個在國中畢業就赴遠洋跑船，現在人在開普敦，已娶了外國女孩，沒有再回台灣過，不過還是按月由船公司寄安家費給母親。

「阿莉克」的姑媽「阿莉蘇」則提到，家族目前可以溯及到祖父輩名字叫「巴耐」，傳給「阿迪隆」、「吳賽」分家，第四代才是「阿莉克」和「馬要」通婚。

長濱鄉選出來的阿美族前縣議員嚴春雄說，當地族人以「荷蘭達」來稱荷蘭人過去在東海岸的事蹟傳說，據老一輩人士說，曾經看過一家人有白頭髮的人坐在家中吃飯，但是究竟他們為何而來或為何留下，族人並不知情。

荷蘭人在後山的活動主要目的是以採金為主，在制度上也曾經建立了「地方會議」，以卑南為東部集會區，管轄數十村落，村中設置長老，並派駐政務員與傳教士。日治時期的記錄勢力範圍曾經北至花東縱谷線的玉里觀音山、海岸線則至長濱，南轄則到大武鄉大竹高溪。

在大武地區的東排灣族人則也流傳著荷蘭人的蛛絲馬跡，……。位於達仁鄉的「大里力」部落有一地區曾是荷蘭人住過的叫做「帕亞卡」。當地人看過荷蘭人抽著煙斗上面煙草冒著煙，問是什麼東西。荷蘭人說「達巴谷」，在工作後吸食，可以忘記辛苦，後來族人稱香煙就叫「達巴谷」。

而東排灣族人早年擁有槍與銅鍋，族人認為那是荷蘭人留下來的東西目的是想消滅排灣族人，因為據說銅鍋加熱後會產生毒素，槍雖可狩獵，但也讓族人「自相殘殺」。（感謝嚴春雄協助採訪）

排灣族的 「恰冷尼斯」抗日事件

▲ 日治時期的土坂建築。（答烏灣提供）

　　近百年前，後山一支排灣族人反抗日本政府處處逼迫族人義務勞力，日本軍隊發動陸空兩路的無情殺戮，差一點遭到滅族之禍，一直到今天「恰冷尼斯」部落的斷垣殘壁，族人仍不太願意接近。

　　「恰冷尼斯」部落位於土坂部落的前方山區。由土坂部落出發，步行約兩個小時可抵達，目前屬於林班地，種植大量的「白積油」樹，當地也是東排灣族人傳統的獵場，無數的山豬、山羊、山鹿及獼猴穿越在山林間，是排灣族獵人自古以來取之不竭的天然資源。

　　「恰冷尼斯」在一九一〇年左右，當地約有五十戶人家安居樂業，日本警察進駐之後，族人對於日人動輒調動民力，如：幫助其工作或者擔任巡察的抬轎夫，尤其每當日警職務調動往往連同家眷、行李等皆強迫族人，挑著厚重行李、肩扛當事人翻山越嶺，旅途艱辛勞累，最引起排灣人的非議與不滿。

　　有一次八瑤灣一帶日人被人殺害，大武支廳懷疑是東排灣族人所為，乃深入「恰冷尼斯」部落進行調查但並無結果，當地頭目留日本人過夜，由於族人擔心日本人會採取報復行動，連夜商議趁其下山

之際加以消滅。

第二天清晨趁著日警下山後，排灣族青年行動敏捷地發動突擊，日警一個也沒留下活口，但對日人僱用的排灣族人嚮導，因不忍心殺害自己同胞而放他一條生路，未料該族人跑回大武支廳報告，該事件震怒了日本政府，調動大批軍警上山圍剿，並誓言不緝拿嚴懲兇手絕不罷手。

數百名軍警開拔到土坂部落外圍的稻田旁，隔著大竹溪遙望著「馬諾里奈」山上的「恰冷尼斯」部落，大軍壓境令人喘不過氣來的風聲立即傳遍了整個山區，日軍先以飛機投放燃燒彈，將「恰冷尼斯」部落中的茅草屋頂燒個片甲不留，再以大砲轟炸部落，巨大的爆炸聲響和四周火光烈焰沖天，整個部落都在燃燒，恍如世界末日的淒慘景象，讓純樸的排灣族人驚駭莫名；日軍部隊隨後衝上山去，看見族人便砍殺，族人死的死、傷的傷，驚恐慌亂四處逃竄。

日軍猛攻過後，「恰冷尼斯」剩下滿目瘡痍的斷垣殘壁，連石板屋都難逃一劫，僥倖免於一死的族人更是如驚弓之鳥，分別往東邊的金崙、太麻里及越過中央山脈西邊的屏東古樓部落躲避。日軍對「恰冷尼斯」部落族人仍然不放過，四處搜索，凡發現漏網之魚便當場格殺勿論。據說有一個「拉都卡勒」家族父子一家三口躲在偏遠山洞中，結果被叛節的族人密告，日本軍警隨後尋獲予以殺害，迄今洞中仍留下一顆頭顱和逃難時用過的鍋子。

當古樓部落中的排灣族人聽聞「恰冷尼斯」部落族人遭到日軍殺害，群情顯得激動無比，老一輩族人誓言復仇，並且磨刀擦槍，準備和日本人決一死戰，五十多位族人憤怒地包圍了古樓日警駐在所，但是日警早一步聞風而逃，老人說，警所裡

僅剩下棉被覆蓋著，也許是倉皇逃跑時留下的。

當時在古樓部落的頭目「卡恰馬克」對族人憤怒情緒十分了解，但是他力勸大家千萬要冷靜，因為槍矛畢竟無法抵擋日軍的大砲、飛機，如果一味抵抗恐怕遭來滅族之禍，因此他堅決主張不動武，同時與日本人展開和談。

當年古樓是排灣族最大的部落，根據「卡恰馬克」的兒子「勒谷魯」指出，整個古樓就有一兩千人，其中有五百勇士可以打戰或出勞役，是南台灣土地上超強的部落。雖然古樓部落有復仇的舉動，但是最後被勸解，同時也避免一場可以預見的大規模流血事件。

「勒谷魯」說，他父親「卡恰馬克」也因勸阻衝突有功，日本政府特別頒勳章表揚，另外有鑑於古樓地區獵場減少，加以耕地不足，造成龐大族人無法生存，「卡恰馬克」看中土坂附近擁有豐富獵場和一年兩熟的小米、地瓜隨地種植可生長，認為是一塊適合生存之地。他便在日本人協助下開始遷村。

一九二〇年動員了數百位排灣族壯丁，將移居族人行李仔細加以編號，並護送越過中央山脈再沿著大竹溪河床來到台東的土坂部落建立新的基地，當年隨著「卡恰馬克」頭目到後山的共計有三十六戶，他們的姓名戶口都還保存在頭目後代身上。

「恰冷尼斯」事件雖然發生將近一百年，不過排灣族人不會忘記那段歷史，除了部落廢墟可供憑弔外，晚近曾發生一件事倒可以佐證當年轟炸的歷史教訓，土坂部落一名六十多歲老人「西吉魯」，漢名「高清治」曾於十年前（一九八七年）在「恰冷尼斯」附近山區打獵時，意外發現

一顆高約一尺半的砲彈，研判是大砲擊發的未爆彈，「西吉魯」將它揹下山來，當時土坂派出所就在大竹溪河床上設好引爆設施，加以引爆，結果巨大的震撼，整個土坂村地面上都在晃動，足見其威力之大。

【關於「卡恰馬克」】

卡恰馬克的兒子「勒谷魯」說，「卡恰馬克」一生當中曾得過兩次勳章，另一次是日本人頒贈「模範頭目」的榮耀給他，子孫在其過世後將其中一枚陪葬，一枚則留作紀念，迄今仍珍藏著。

日本人為了籠絡「卡恰馬克」也特別安排他在土坂駐在所內擔任「傳令」職位，「勒谷魯」說，其實就是一名工友，他記得父親每一次要送公文，就身上背著一個背包，配戴著一把番刀和乾糧上路，一路上翻山越嶺到潮州，然後再拿覆函回到土坂，往住一趟都需花上好幾天光陰，「勒谷魯」說，小時候印象中每一次父親送公函回來都是三更半夜時間，工作相當辛苦。

排灣族血戰姑子崙

　　東排灣族群居住的區域裡，曾經爆發了震驚南台灣的「古發阿冷」事件，在三個多月和日本軍警的對峙中，排灣族家園雖然被燒毀，卻燃起族人更堅強的鬥志，最後才由大頭目「卡亞馬」出面調停，雙方以和平收場。

　　「古發阿冷」位於大武溪上游，靠「姑子崙山」處，排灣族的傳說中，當地曾經是矮黑人居住的地方，房子是以石頭支柱，面積很小，但屋內有一特殊設備，即挖了一道壕溝通屋外，據說是隨時準備逃生之用。

　　有一天位於「大里力」（今大谷）的一位族人無意中向天射擊了一槍，巨大的槍聲嚇跑了矮黑人，排灣人後來找到了他們的住處，發現矮黑人因匆忙跑走未來得及帶走的醃肉，嘗一口才知道味道極美，於是以醃肉的名稱「發阿冷」，將地名取為「古發阿冷」，外人也稱做「姑子崙」。

　　一九一四年，日本人在台灣南部排灣、魯凱族居住區域，強迫沒收原住民狩獵用槍枝，稱為「南蕃統器押收」政策，引起原住民不滿和大規模的反抗。在「緝查魯莫」當地的日警駐在所警察及家眷被人殺害，日人懷疑是山下的姑子崙社排灣族人所為，由大武支廳派人前去調查，姑子崙頭目「卡邦」帶領日警抵達「緝查魯莫」後，日本人進行屍首清點，「卡邦」趁大家不注意之刻發動突襲，族人也立刻響應攻擊殺光日警，僅一名日警迅及跳下山崖躲過一劫。

　　「卡邦」接著指揮族人將電話線切斷，並且追殺日本人，部落附近「浸水營」兩個警所的日警、眷屬無一倖免，房舍也被放火燒毀，排灣族人的行動，讓日人聞風色變。當大武支廳得悉該重大事件後，派人搶修電話線，誰知修護人員一進入山區，就遭到族人以槍射殺，之後再也無人敢上山。

　　日本人事後調集一千六百多名軍隊鎮壓，四個野炮連陸續開拔到大武支廳，外海則有兩艘軍艦進行炮轟。同時兵分兩路進攻姑子崙社，一邊從新化部落下方架設砲台，朝姑子崙社猛轟，新化部落耆老邱進財說，當時燃燒彈落在村子裡，整個天空都燒得通紅，傳統的石板屋被燒得爆裂開來，族人雖然事先有疏散和防範，但是仍然死傷無數，宛若人間煉獄。

　　另外一支部隊由加羅板部落沿著河床挺進姑子崙社，因為日軍不諳地形，加上山區瘟疫橫行，隨時又得防備躲在隱蔽叢林的排灣族人以游擊戰的突襲，日本部隊嘗盡苦頭，歷經三個月苦戰還是沒有結果，日本人考量如此長期和排灣族人消耗戰力，也不是明智之舉，何況官兵死傷累

累，屍體佈滿了大武溪上游靠近加羅板附近的河床上，讓人驚恐。

事件最後結局是日本人請大鳥部落的頭目「卡亞馬」出面調停，「卡亞馬」在當時是大武地區頗富盛名的頭目，他也是大武地區選出來的前縣議員王福源的外曾祖父，身材十分高大、威猛過人，號令影響從太麻里溪以南至安朔溪的廣大排灣族部落。據說外地人經過大鳥部落，都必須要到他家去行禮致敬，排灣族話爲「巴扎曼」。

「卡亞馬」在排灣社會經常以其智慧圓滿處理族人紛爭，很得到族人愛戴，日本人對他也相當敬重，經過他的努力奔走才總算化解了這場幾乎滅社的危機。

✛古發阿冷是東排灣族群重要的遺址，海拔近一千公尺的當地仍保存著許多石板屋除了焚毀的屋頂外，墻垣，地板道路都依稀可見，部落型態仍可看出當年大社的規模，只是現在遺址上都被巨大的榕樹和雜草所掩蓋。

歷 史 **4** 留 痕

布農族與卑南族的恩怨情仇

▲ 日治時期初鹿社外觀。（馬來盛提供）

　　近代後山歷史上的因緣際會，使得兩個同樣慓悍的族群──布農族與卑南族結下了兩個世紀的仇恨，一直到一九三九年才由卑南族精神領袖馬智禮居中調停，劃出鹿野溪以鹿鳴橋為界，訂下終戰協議，雙方言歸於好。

　　在日本治台的歲月當中，布農族人仗著南橫的高山天險，與日本政府周旋反抗了二、三十年，在日本文獻《東台灣展望搜編》中記載了至少十一次的布農族人襲擊日軍警的事蹟，包括有──一九一三年布農族十名青年襲擊新武至初來間逢版派出所，擊斃兩名日警。一九一五年布農族青年突擊卓溪鄉黃麻派出所殲滅橫山新藏等十名日警，頭顱被取走，事後得知係東縣霧鹿村民所為。

　　一九一九年十月，十名布農族人在卓溪附近的樂樂溪旁狙擊日警，擊斃三人後被捕成仁。當年十二月關義三郎率物質隊行至卓溪鄉，被布農族青年狙擊當場死亡。一九二一年一月，布農青年「路蘇浩」率六名壯丁，於延平鄉突擊日本通訊事務所擊斃小宮房次、田代、宮崎等三人，獲四把步槍、子彈九十發及日用品等。

　　一九二一年三月，日本修補橋樑道路巡查隊在卓溪石洞被狙擊，其中河合正一以武士刀抵抗，被打成肉醬。同年四月，日本運輸隊行經卓溪鄉遭埋伏的布農人狙

擊，中川藤七、田中貞作二人身亡。一九二二年四月，日本修護隊在卓溪附近的櫻橋被七名布農族人狙擊，小山惟精、滕又五郎二人當場死亡。

一九二四年三月，布農族「阿西拉」率二十五名族人，在卓溪大分擊斃八名日本測量隊員，但隨後「阿西拉」被捕成仁。當年八月，日警巡邏隊被布農族人伏擊，隊長田中金兵等五人被當場擊斃。一九三二年九月十九日，布農族人「拉馬達信信」親率七十餘人突擊位於南橫公路大關山附近的「檜谷」軍營駐在所，殺光駐營軍警。

這些布農族抗日事蹟將當年以強大軍力橫掃中國、南洋等地的日本人弄得顏面無光，對殖民地台灣的一個原住民族群的束手無策，讓日人不得不調用大批人力、物力開闢關山越嶺戰備道，進行對布農族人的清剿，同時在沿線上設置了二十個警所，加強監控布農族人的活動。

布農族人胡德慶說，表面上一連串的事件是個別獨立事件，實際上族人在策動每一次起義時皆是互通聲息，布農族人懂得「聲東擊西」之計，往往是居住在台東海端鄉的族人潛至花蓮縣卓溪鄉去狙殺日本人，以避免被日警識破。他說，從今天海端鄉通往卓溪的吊橋就是一個事實，後來日本人懷疑兩鄉聯合才將吊橋予以破壞。

日本人在多次被狙殺之後，想出了一個對策，利用「以蕃制蕃」的策略，運用與布農族為鄰的卑南族、阿美族人充當布農族部落駐衛警，通常駐警主管是日人，基層員警則是卑南或阿美族人，因此在後來的突擊事件中，布農族人的行動經常誤殺到卑南族人，而這種關係的演變，也種下了布農族人與卑南族人反目成仇的遠因，到現在上了年紀的族人還有仇視卑南族人的觀念。

胡德慶指出，在近年霧鹿村一名少女與卑南族青年戀愛論及婚嫁，卻遭到女方家中祖父強烈反對，認為不應與卑南族人結親，最後落得雙方不歡而散。

布農族以強悍聞名，但是在延平鄉的族人與卑南鄉交界的卑南族初鹿社部落，則是長年以來對峙互有成敗，雙方為了獵場不惜發生流血事件；紅葉部落的布農耆老「阿利曼」提到，小時候聽大人說，一看到卑南族人就像見到敵人一樣，要與他們格鬥，不砍下對方人頭，自己就要人頭落地。

「阿利曼」說，紅葉部落與初鹿部落為鄰，族人不論在田野、溪谷旁遇上，就會血拚一場，直到人頭落地為止。他提到紅葉部落曾經出現了兩位英雄人物——「達海斐那」與「拉米歐」，他們都是打獵高手或是砍殺人頭有功的英雄，深獲族人認同。

▲**卑南族獵頭勇士**。（馬來盛提供）

【內本鹿事件
是布農人心中的痛】

布農族人抗日行動是非常著名的，台東縣延平鄉深山的「內本鹿」部落事件，九名英勇的布農族事發過後被捕，在縣府廳舍前拍下了一生中第一張，也是最後一張的照片，流傳後世。

「內本鹿」部落位於偏遠中央山脈叢山峻嶺中，是布農族傳統上的活動區域，當時布農族採散居型態，以狩獵維生。在日治時期的大正年間，布農族人不服日本人的高壓式管理，紛紛起身反抗，日本政府窮於應付，同時南橫山區也成為日本人的夢魘。

日本政府在數次大動干戈後，嚴格要求南橫山區布農族部落遷村，集中在靠近南橫公路沿線上重建部落，以方便管理；延平鄉的「內本鹿」部落然未直接與日本人作對，但是在嚴厲管制政策下，也被強迫從中央山脈邊遷下到今日的巒山村。

巒山村當年是一片原始林，四處未開發，人跡罕至，瘴癘之氣橫溢，最讓布農族人恐懼的是瘧疾，族人一個個死亡，大部分族人認為當地不適合居住，且難以忍受平地環境，於是紛紛逃回「內本鹿」舊部落去生活。

不過此舉引起日本人的不悅，懷疑布農族人另有企圖，乃以強制手段逼迫族人屈服，布農族人一股怨恨無處發洩，暗中聯絡了高雄桃源與南投信義兩地族人共同起事反抗，三地族人約定在月圓上昇時分發動，同時在三地攻擊日本人。

在縣政府服務的潘進玉曾經於年輕時期看過日本人所記載的《內本鹿事件》，上面寫著因為部落族人睡過頭，比預定時間晚起床，以致錯過了共謀舉事的約定時刻，只有「內本鹿」部落族人英勇的襲擊當地駐在所，將警察及眷屬悉數殺掉。

日本政府得悉消息後十分震怒，乃發動軍警聯合攻山，欲圍剿「內本鹿」部落，並緝拿主謀者歸案。布農族人也不甘勢弱，首先切斷進入部落進出的通道，將吊橋用斧頭砍斷，讓日本人的部隊和運輸補給無法發揮作用。

日本人隨後徵調大砲助陣，在強大火力壓制下，終於打進「內本鹿」部落，布農族人驚恐四下逃散，躲入山區避難。其中有九名在砲火中倖免於難的族人被日本人擒獲，並且押往警察局處置。

九名身穿黑色布衣、赤腳，頭髮及肩帶著手鐐腳銬的布農族人，雖然被捕，但是潘進玉說，從照片中仍然可以從眼光中看出其兇悍不屈服的個性。他們並排站在今日縣府廳舍縣長辦公室後的一棵大「台東械」及台灣蘇鐵下合拍了一張照片。

這是九名布農族人生來第一次拍攝照片，同時也是最後一次照相，因為之後他們就被押往宜蘭，再也沒有回來過，日本警察只將九名族人的衣物送回給家屬。

▲ 內本鹿的日本警察。（出自《東台灣展望》)

「阿利曼」說，過去鹿鳴橋附近有許多山鹿，兩族人馬常常涉過鹿野溪去獵鹿，在聚精會神狩獵當時，往往一不留神，被在後的對方族人狙殺砍去人頭。

「阿利曼」說，小時候曾經看過族人將獵得的人頭帶回部落中，族人便會舉辦慶功宴，大家喝酒跳舞盡興，對於獵來的人頭則相當尊敬，也會餵以小米酒等。而在每年的打耳祭儀中，曾經獵頭的勇士就會在儀式的「馬拉斯達邦」（意即「報戰功」）中，在族人圍坐當中站起身來高喊自己一年來優越表現，共獵了幾個人頭回來，報完戰功後，外圈的婦女則以復誦並帶著跳動的肢體呼喝，這也是當一名布農族勇士最感光榮的一刻。

在卑南族的說法當中也有一段相類似的狀況，初鹿部落的族人林秀玉說，當年與布農族人常發生互砍人頭的情形，族人一旦在田野被突擊，便會立刻發動反擊，族語稱為「里帕」。凡是「里帕」成功的族人都會被尊為勇士，參加一年一度的「年祭」時有資格同頭目一起圍坐在火堆旁的小板凳上。

坐在板凳的勇士久而久之不堪濃烈的歡樂氣氛，於是拿起板凳在內圈以高難度的蹲步舞姿，口中喊著「波、波」的聲音，以威武的氣魄來與族人共舞，同時又不失其英武的事蹟，流傳下來成為今日卑南族初鹿部落獨樹一格的「希隆」舞。

布農族與卑南族恩怨結了兩百年，馬智禮的外孫馬來盛說，布農族人彪悍無人能比，連日本人都聞之色變，可以算是在台灣中、南部一帶無逢敵手，獨獨就是畏懼卑南族初鹿部落的對抗。

馬來盛說，馬智禮於一九三九年和延平鄉布農族人談判獲得共識，卑南族劃分延平鄉鹿野溪流以上的區域給布農族人作為獵場，布農族人為了表達感謝之意，特地宰殺了一頭牛宴請初鹿部落，同時雙方也正式停戰，結束了兩百年來的「恩怨情仇」。

▲ 初鹿社會館。（馬來盛提供）

歷史 5 留痕

霧鹿殺戮事件

▲ 日本人當年鎮壓布農族地點，現成為村落。

在南橫山區沿線有一處風景壯麗的峽谷，高地上有櫻花怒放，有一個十分柔美的地名——霧鹿。但在日治時期當地卻是一處殺戮戰場，許多布農族人心中迄今餘悸猶存，美麗的櫻花不能夠掩飾過去日本人的殘酷罪行。

初聽見「霧鹿」的地名，給人一種嚮往的印象，親臨當地可感覺到景如其名，因為每年三到五月間，中午過後，當地即開始籠罩在一片霧裡，車輛在南橫公路上行駛，必須要開霧燈，否則看不清前面路況。如果走在路上，旁邊的高海拔大樹身影迷迷朦朦，姿態優美，一切恍忽如在夢境。

霧鹿的布農族語稱「布鹿布鹿」，本地的前縣議員宋坤龍說，以前當地常出現山鹿，布農族人喜歡獵鹿，多半以獵槍打中之後，就要隨身的土狗去追，直到山鹿氣竭，便可手到擒來。

霧鹿在日治時代佔有天險地利，一直是日本人與布農族人爭奪的軍事據點，布農族人利用天然峽谷防止敵人入侵，日本人卻用來架設大砲控制布農部落的一舉一動。

在今日霧鹿國小的操場後方有一座小山丘，上方蓋了一座涼亭，學校師生或前來南橫的遊客，經常順著階梯拾級而上登高賞景，可以看到霧鹿迷人的景緻，而在

一九二七年這裡可是架設著一門「十二珊砲」的軍事制高點重地。

日軍的防砲佈置與空襲無關，全然是為了居高臨下，監視布農族部落動向，防止族人抗暴行動而設，同樣的大砲還分別架設在拉庫拉庫山、新武等高處據點，以「三英吋速射砲」、「七珊山砲」等的鐵三角位置遏制布農族人出入咽喉。

一九三二年，布農族人襲擊檜谷駐在所，殺死巡查二人、警手一人，稱為「檜谷事件」，第二年再度擊襲「逢版」（現址為初來）駐在所，殺死巡查及眷屬共計五人。日本人怒而發動軍警在霧鹿佈置陷阱，藉口與布農族頭目、長老談判，並且致送食鹽、衣物等日用品，引誘布農族人下山，等眾多族人聚集在霧鹿部落，日人悄悄地從四面八方包圍過來，以機槍掃射並點燃山丘上的大砲，一時之間槍砲聲震耳欲聾，布農族人躲避不及，紛紛四處逃竄，哀嚎聲四起，族人死傷遍野，布農族精英被一網打盡。

宋坤龍說，這場屠殺致使南橫山區布農族人元氣大傷，正確死亡人數無法估算，老一輩人士認為至少有五、六十位以上，當場逃出來的僅三人，其中一名孕婦因即將臨盆，日軍放了一條生路，另外一位穿著獸皮衣瞞過軍警耳目，逃回下馬，據說還號召族人在該地和日人決一死戰。至於第三位逃到利稻部落，但仍遭逮捕致死。

▲南橫布農山區的日治時期古炮。
▶日治時期在逢版平台上的日軍炮台。
（出自《東台灣展望》）

在殺戮過後，布農族人花了很長的一段時間不敢回到霧鹿。宋坤龍說，雖然現在山丘上已改建涼亭，山下闢建了小學，但是據說是當年戰場的地點（約位於現在的電信局微波轉播站處），布農族人依舊不敢在土地上蓋房子。

至於分別設於霧鹿、拉庫拉庫山、新武山區的三門大砲下落，一九七〇年代曾經由警方保管，但是因為毀損遺失，了其中一門，留下來的兩門砲，現存於霧鹿國小供人參觀，根據砲管上烙記，係鑄於一九〇三年，砲管長二三四公分，口徑八公分。

事件發生後日本人在當地普遍種植了櫻花，並且大老遠地從日本國內移植白色櫻花及板栗到霧鹿來種，宋坤龍說，台灣籍曾經擔任過日警的眷屬也曾經共同植過，不知道是否基於彌補良心上的不安，才來植櫻花，還是有其他因素不得而知。

而霧鹿本身就有櫻花的存在，當地人稱為「山櫻花」，且當年在現今霧鹿國小前有櫻花綻放如花海的記憶；同時在二次大戰末期，美軍空襲台灣時，許多住在台東市區的民眾皆「疏開」躲到南橫霧鹿山區來避難，搭蓋簡單的草寮暫棲身，吃著地瓜度日，其中不乏豪門富甲，到霧鹿躲空襲，情況際遇大家不分貴賤一律相同。

▲ 布農南橫山區產櫻花。

阿美族聯軍與馬勞勞事件

▲ 阿美族與日本對峙的三仙橋河口。

東海岸線上最大的阿美族集中地是成功鎮，舊地名為「麻老漏」，阿美族語稱「馬勞勞」，近九十年前族人曾經在當地結合了五大部落聯軍起義反抗，殺死了十餘名日人，雙方並發生激烈交戰，阿美族人死傷慘重，事後日本人採取報復，除了焚燒「馬勞勞」部落外，還將頭目綁在竹竿上示眾。

「馬勞勞」部落位在當今成功鎮三民里，阿美族人流傳過去是都歷社的耕地，因為當時並無道路直通兩地，族人要前來耕地，必須靠著乘坐竹筏渡海上岸。有一年發生大海嘯，淹沒了整片土地，致使草木作物枯死，族人稱發生事件叫「勞勞」，演變到後來以「馬勞勞」來稱這塊土地。

在日本人的記載中卻有不同說法，其說法是：阿美族人在遷移時，至新港溪渡河，因為沒有船隻，河水又湍急，頭目「馬勞勞」騎在水牛背上欲橫渡，卻不慎被水沖走而亡，族人認為是不祥的兆頭，遂留在當地居住下來，並且以「馬勞勞」地名來紀念頭目。

日本人治台初期，東海岸沿線阿美族人不滿日本政府長期徵調民力，強迫義務勞動開路做工，同時部份日本人經常調戲阿美族婦女，隨意捉走族人飼養的雞鴨，逐漸引起族人反感，暗中互相聯絡起來反

抗，引發了後來東海岸一頁可歌可泣的抗日史。

　　現年六十八歲，從鎮公所退休的成功鎮耆老王河盛，在日治時期擔任新港郡警務課「保甲書記」，由於工作之便得以了解「馬勞勞事件」發生的始末，他曾經從日本人記載地方大事的《管轄須知》手記上偷看到第一手資料，記下了整個事件的輪廓；不過在一九四五年底，日本人辦理移交時，要他燒去機密文件，像戶籍資料僅留下二十年內記錄，其餘的全數銷毀。

　　王河盛說，他光是處理這些文件就足足焚燒了半個月，其中最讓他不捨的正是那本《管轄須知》，他說，如果當初他偷偷地藏下來，「今天馬勞勞事件的經過一定相當詳細」。

　　一九一一年六月，當時阿美族最大社的「都歷社」聯絡「馬勞勞社」，約定在當地集合發動攻擊日人行動，同時也聯絡鄰近的「加只來社」（今成功鎮和平里）、「八翁翁社」（現今成功鎮豐田）、「芝路古咳社」（今芝田）等共同舉事，在阿美族人計畫中也同樣聯繫到靠北邊的「日微沙鹿社」（今美山）以夾擊日人，但是美山地區的阿美族人因靠近日人設轄小港的「新港支廳」，害怕日人的步槍威力射程強大和事後的報復，而舉棋不定，聯合行動為此還發出警告要「打下日本人後，再打美山」。

　　阿美族人蓄勢待發，共同約定以「圓山」（今獅子山）上燒起煙火為起義信號，屆時都歷社頭目「塔谷旺」立即發動族人拿下部落內的日本警察和教員，並且舉行公開審判後予以處死。「馬勞勞社」頭目「塔馬路里卡路」則是以突襲方式捉拿了包括二名日警、教員及其家眷共計十餘人，未經任何訊問就將其殺死，並埋於

▶ 引發馬勞勞事件的東海岸公路工程。（出自《東台灣展望》）

▲ 王河盛。
▼ 馬勞勞事件中阿美族與日軍對峙的三仙橋下。

現今三民國小前台十一線省道旁巨石樹叢下。

小港方面得悉阿美族人的反抗，立刻調集日警支援，雙方在今三仙橋下遭遇對陣，日人藉著橋下溪水和林投樹天然屏障，並以精良的槍枝射殺原住民，使得阿美族死傷慘重，在林投樹旁屍骸遍野。隨後阿美族人派出一隊人馬，越過上游包抄過來突擊，日人不敵乃退至小港街上的溫家老宅「廣恒發商號」前的古厝內躲避。

日本人深知該事件與漢人無關，阿美族人不會去殺漢人報復，因此以空間換取時間，一方面躲在溫家避難，一方面再度求救，找來美山社的阿美族人增援，阿美聯軍勢孤才四處潰散，日本人見狀，一鼓作氣攻入「馬勞勞社」，部落族人則逃往山區去躲藏，隨後放火燒去部落。

王河盛說，美山社阿美族人進入「馬勞勞」部落時，曾經要求日本人不要把該社內與他們同親屬血源的一支「氏族」之住宅予以燒毀，日本人為了犒賞美山社的協助，除允諾將幾棟草房僥倖保留下來外，還將奪來的糧食和豬羊賞給他們。

王河盛從《管轄須知》上得知，當時有一名台籍日警，名叫「范阿貴」，記錄中他在原住民攻擊時抵抗，鑽入現今新港國中前的林投樹叢中，因為林投樹的尖刺叢生，讓他痛得無法出來，最後喊救命才被日警搜出來。

根據族人說法，「范阿貴」事先曾知道阿美族人計畫反日，他默許原住民行動，並且提及自己身受日人欺侮，願意脫去官服；不過事後，日人攻打「馬勞勞」時，他卻牽回了許多牛隻，因而致富。

「馬勞勞事件」前後發生時間共計四十八天，「馬勞勞」部落被燒毀後，頭目「塔馬路里卡路」被擒，日本人將他五花

▲ 日治時期馬勞勞聚會所，在今三民國小旁。
（王河盛提供）

▼溫家老厝是日本人躲藏地。

大綁吊在竹竿上，同時豎立於新港支廳前示眾，稍後砍斷竹子，讓他從上墜落地，「塔馬路里卡路」返回部落後不久即死去。

　　日本警察接著要剿除都歷社，大軍乘勝進兵，先鋒人馬已攻入部落，將糧倉燒毀，都歷部落頭目「塔谷旺」畏懼躲入泰源山區，終其一生再在出現；部落婦女則抱著必死決心，英勇地聚集在今東管處辦公廳舍山丘上準備居高臨下迎敵。

　　適時遠在台東馬蘭的阿美族大頭目「馬漢罕」接獲族人的報告，認為再不設法阻止，阿美族人恐遭滅族之禍，遂抱病忍受路途艱辛遙遠之苦，前來「馬勞勞」調停，由於「馬漢罕」素孚眾望，日本人對其也甚敬重，整個事件才告停止。

　　日本人在事後檢討管理原住民的政策，認為必須採取「集中管理」方式，便於控制，於是強迫散居在山坡下的阿美族人遷村，並且嚴格控制族人行動自由，沒有日警的批准不能隨意走動。這一頁壯烈的抗日事件最後以悲劇收場，成了阿美族人記憶中永遠無法抹去的記憶。

▲馬勞勞事件日人所葬的位置。

雅美族人的異國經驗

▲ 雅美族人以穿著盔甲手持長矛的盛裝，在1932年參觀台東。（出自《東台灣展望》）

孤懸在太平洋的蘭嶼雅美族，一直過著與世無爭、和平相處的生活，但是因為位於國際海運要衝的航線上，從十六世紀以來便有零星的外人登島記錄出現，但往往當族人以傳統隆重的禮儀迎接外賓時，或因誤解常遭到殺身或焚毀部落之禍。

在中國的記載上，明萬曆四十六（一六一八）年，張燮所著《東西洋考》首次以「紅豆嶼」稱蘭嶼，清康熙六十一（一七二二）年黃叔璥所著《臺海使槎錄》改稱「紅頭嶼」，外界對該名稱有二種說法，一是遠望蘭嶼島上，當太陽升上來時，山頭整個被染成紅色之故，因此當地最高峰稱紅頭山。另外古老的說法，雅美族男子頭髮梢呈紅色才取名紅頭嶼。

在外國文獻上，許多歐洲航海冒險家自一七二六年地圖上就有「顧魯特·塔巴口」的記錄，一七八五年後法國、荷蘭航海地圖陸續出現「抱得路」、「拘路特」等地名標記。清光緒三（一八七七）年恒春知縣周有基踏上蘭嶼勘查，同時將之正式納入版圖。

在過往眾多異國船隻通行蘭嶼海面，留下了許多片斷傳說，雅美人以純樸的傳統面對進入的不同族群人士，希望取得彼此的情誼，但是常獲得截然不同的結果，甚至在與發生船難的美國人接觸過程，得到的是與綠島完全不一樣的遭遇。

雅美作家周宗經與在當地老一輩族人，都聽說過在島上流傳著的一則古老故事。在幾代前，一艘外國（一種說法是指荷蘭人）商船航行經紅頭嶼海面因機件故障漂流到島上，船上人數不詳的水手（一說三十幾個荷蘭人）游泳到漁人（一說是紅頭）社附近上岸，意外且驚訝地發現雅美族人身穿藤衣盔甲，手持長矛以傳統對待貴賓的禮儀在海邊迎接，外國（荷蘭）人拿了少數黃金白銀給族人，隨後在海濱居住了將近十天，同時將船上的金銀財寶，全數挖深埋藏在當地山區。

荷蘭人在久候無接應船隻靠近，才遷往山上居住，準備將來再做打算，但當時蘭嶼地區多「紅蟲」肆虐，造成瘧疾傳染，荷蘭人水土不服紛紛不幸死亡。該則故事在台灣接收前後也曾引起地方一陣尋寶熱，但最後無疾而終。

明治三十六（一九○三）年，有一艘美國帆船「班傑明」號，從新加坡航向上海途中，在鵝鑾鼻碰上強烈颱風，風帆損壞漂流到蘭嶼來，蘭嶼居民以慣有的「全副武裝」盔甲長矛列隊在海邊迎接，美國人見狀心驚，以爲是雅美人企圖搶劫財物，於是開槍射擊。

雅美人在毫無心理戒備下遭到槍擊射傷，群情激憤場面失控，與美方船員相互攻擊，造成三名船員死傷，最後逃離蘭嶼。美國政府透過國際公法向當時統治台灣的日本提出抗議並且要求賠償。

日本政府隨即下令台灣總督府進行查辦，台東廳派遣部隊渡海緝兇，由日人「原路次郎」擔任特別任務隊長，下領「警部」一名、「警部補」一名、「巡查」一名、「佚役」二十名，於十月二十八日出發到達島上包圍部落展開搜捕行動。

日本人不分青紅皂白地進行燒殺，嚇得雅美人逃離家園躲在山區不敢出來。日本政府在該次行動後，開始在島上派駐八名巡查，長期留駐蘭嶼，此後部份生物學家及人類學家先後進入蘭嶼調查研究，並向日本政府建議將該島保持原狀，做爲研究區域，同時禁止外人移入與開墾，因此蘭嶼地區開發比起其他台灣原住民族群還晚了許多，也因而保留下大量的傳統習俗文化。

周宗經說，雅美人習俗上會身穿全副禮服參加重要儀式或迎接貴賓，該習俗稱著「衣蘇烏杜‧里衣拉拉賴給拉」，這是對貴客的一種尊敬和表示熱忱參與，一直到現代老人家還是十分遵守該原則。但是往往因藤盔甲和長矛時常引起外人誤解。

周宗經說，蘭嶼長期以來因爲位於海上交通要道，常有許多外國船隻經過，接觸不同族群的人機會多，而族人擅長製作陶器、陶偶、木雕船等手工藝品，多半利用與外人接觸的機會，和他們交易換取鐵器、衣物等，另外因爲島上飼養山羊，也有外國船隻靠岸會和族人以金銀交易，這也是蘭嶼島上族人身上佩戴有金銀飾的原因。

▲ 盛裝持矛是雅美人對重大事件或儀式的表達方式。

西方宗教進入後山

▲台灣基督教長老教會在東海岸的百年紀念碑。

在東海岸僻遠的石雨傘地區椰子林內，立著一塊不甚惹眼的紀念碑，刻劃著西方宗教在後山宣教披荊斬棘的艱辛，回首悠悠已超過百年歷史。

而於後山這個族群大熔爐的區域裡，竟然也有一棟融合基督教與天主教精神的「前瞻性」教堂，獨創全台，也開創百年新、舊教在台灣合作之佳話。

清同治十三（一八七四）年，日本藉口琉球漁民漂流至恆春牡丹社遭當地原住民殺害，大舉發兵入侵，當時督辦台灣海防大臣沈葆楨洞悉日人野心，乃決定調兵分南、北、中三路鑿山開道，經理後山。

第二（一八七五）年三月二十四日，基督教長老教會李庥牧師突破萬難，由打狗（高雄）搭帆船啓航，歷經海上十四天的航程，終在寶桑（台東舊名）登陸，曾經在蕃社行醫，同時也首度在後山傳福音。

四月十日，李庥來到蟳廣澳（成廣澳，現今成功鎮小港，亦是立碑附近），十二日赴「彭仔存」（今城山），受到該地頭目歡迎，並舉行露天聚會，二十三日才返航。

這段李庥牧師的傳道之旅，在台東的教會歷史中是最早的紀錄：擔任過台東教會第十任傳教者的張淸庚牧師，則在整理史料中發現一八七七年，一位居住在阿里

港（屏東里港）的基督徒張源春遷居到成
廣澳，住酋長家中，因見酋長為氣喘病所
苦，每天以吸食鴉片麻醉自己，張源春極
有耐心地勸說，希望酋長戒掉鴉片，然後
以杯子盛滿清水，禱告後請其服下；數天
後氣喘居然沒有再來糾纏，酋長感佩之餘
乃改信教。

張源春憑著信仰與愛心，在成廣澳地
區治癒了許多病人，到最後共有四十戶居
民入教，而後立設石雨傘教會，東台灣教
會正式展開。

直到一九七七年，台灣基督長老教會
東部中會為紀念這段歷史，才選定成廣澳
附近的石雨傘處立下「設教百週年紀念
碑」。

後山的教會系統曾經因為隸屬北部或
南部問題，引發了一段長時間的爭議，一
度還勞駕馬偕博士東來（一九二八年間）
溝通與說明。至一九三八年才正式議決區
分為：東部中會（草嶺以東至台東）、台
北中會（草嶺以西至坪頂以北）、新竹中
會（坪頂以南至大甲以北）三中會。

而台東教會創建於一九二四年，一九
九五年正逢七十週年，從首任傳道師施坦
在台東地區草厝街（仁愛街）兩棟草房聚
會所起，到今天位於廣東路一棟造型獨特
的教堂和增設幼稚園等教育設施，規模已
不可同日而語。

尤其是該棟教堂可以說是結合西方天
主教與基督教精華合而為一，在全台還不
多見。此外教堂的設計經仔細觀察本地的
自然人文、氣候等特質而建築，更是難能
可貴。

教堂於一九七一年動工，由瑞士籍建
築家「傅儀」擔任設計，傅儀以一名天主
教修士的身分受張清庚牧師的賞識，共同
規劃這座「廿一世紀」的教堂。在廿年前

可稱得上獨具慧眼。

現任台東教會傳教者的黃旭正牧師，
從小在教會裡成長，可以說是土生土長的
本地人。他對教堂的認識與情誼深刻，黃
旭正說：傅儀也認為百年或未來的時間，
新、舊教可能合而為一，因此他在該座基
督教堂內預留了一座天主教堂專有的浸
池，準備供將來浸禮用。

傅儀也曾經在設計階段時仔細觀察過
四周環境，包括太陽光、風向、地形，甚
至於都市計畫中的道路，他都加以思考，
比如利用清晨光線從東面經講台射入，讓
十字架剛好形成兩道陰影，黃旭正說：象
徵耶穌受難時，兩旁有兩名強盜一起受

▲台灣基督教長老教會在東海
岸的百年紀念碑。

刑。

黃昏時夕陽從西面大門進入，教堂特別設計一整面的窗戶，昏黃的光線透過外牆的大理石浮雕空間，再射過毛玻璃，形成了氣象萬千的律動感，那種氣氛能夠讓人產生滿懷的感動與浪漫。

教堂內部則設計了二道石牆，形成兩扇風袋，讓空氣自然灌進教堂，內部在白天很少點燈也用不著開電風扇。

另外整座牆全以粗糙的水泥壁面砌上，廿年前台東多風沙，傅儀考量過室內多沙的牆壁不但髒，也難清洗，因此採取粗壁面，完全以手工來砌，牆從來沒有油漆過，仍保持一貫的清潔。

靠南邊的牆，傅儀以高牆阻隔，不留任何門窗，構想採取與都市塵囂隔絕，當年此地未開闢馬路，近年來道路貫穿，傅儀預測的人車喧擾，果然來臨。

黃旭正表示：該座教堂完全是融入地方為台東而設計，相信假以時日它將是一座足堪代表一九七○年代的建築；不但如此，它預留給往後教會發展的空間，更是史無前例，其中所代表的「前瞻性」與「胸襟」，令人佩服。

▲台東教會。

台東糖廠
是開墾後山的大地主

▲ 台東糖廠全景。（田燴池攝於１９７１年）

　　台東地區僅有兩家大工廠，佔龍頭老大地位的台東糖廠近年因為國際糖價低迷，加上契作面積減少，於一九九七年關閉了在後山曾影響近百年的最重要經濟作物——甘蔗的製糖工廠。

　　台東糖廠也堪稱是現今台東地區最大的「地主」之一，在八、九十年的經營下，遭逢數次危機，它化危機為轉機的例證，其實是後山地區企業的一個特例。

　　傳統上後山經濟條件薄弱，地處偏遠，交通極為不便，日治時期為了開發後山，引進了蔗業栽種，企圖打開台東的產業，而蔗作確實也是台東產業開發史上最重要的經濟作物，一直到今天，賴以維生的蔗農仍然眾多。

　　台東糖廠就是當時日本人所設下的第一座大型工廠，其前身為「台東製糖場」，成立於一九一一年（民國元年），地方耆宿林錦章提到：製糖場由「台灣總督府」直接督促成立，結合了日本二名貴族，五名企業家共同集資三百五十萬日圓籌設，首任社長是「安場來喜」男爵。

　　一九一三年成立公司組織型態，其間經營屢有起伏，一九二一年還分別成立了「台東開拓株式會社」與「台東糖廠株式

會社」兩個單位。一九二四年又合併為一，資本額為三百萬。

一生奉獻給台東糖廠的蔡時清，提到：日本人交給政府的台東糖廠資產是馬蘭（台東）糖廠，佔地五十甲；另外就是台東市郊富源山山坡地一千三百甲的林木。

台東糖廠在台灣二十餘座糖廠中，依賴民間契作排名第一，達到百分之八十五，台糖為了自己開發種蔗面積，曾經嘗試在富源山區開墾種蔗，不幸因地質與環境不同，造成表土流失，甘蔗種不起來；只好走回頭路，回到四、五十年前的造林工作。

也因為如此，台東糖廠在一九四六年前，總公司曾聘請一位美籍蔗作專家「阿姆斯」來台實地評估，結果做成「關廠」的建議，理由有二，一是工廠不大，二為交通不便，難以經營。

此時正值政府開發東部的政策，台糖公司為了響應該政策，便接受了當時的「農復會」建議，全面推廣種植鳳梨，沒想到這個決定，不但為台東糖廠開闢了第二春，延續了四十幾年的歲月，而且還為台東糖廠賺進了一千多公頃的土地。

蔡時清表示：台東糖廠首次轉型，在原製糖廠前的土地上，興建了一座東南亞最大的鳳梨加工廠，廠區達到五公頃多，一九四六年建廠，一九四八年陸續開工，最高時段有數十條生產線，有二千多名女工，以廿四小時輪班的三班制不停生產。

推廣種植鳳梨，不但讓台東糖廠不至於關閉，也讓許多台東農民致富，對改善當時清苦的農村生活，有一定程度的貢獻。

當然獲益最大的是台東糖廠，為了應付日漸擴充的種植面積，陸續在台東縣境內開墾了大筆土地，包括台東市郊豐樂地區三百多公頃、鹿野鄉瑞源地區二百多公頃、池上地區四百多公頃。

這些土地當時皆是河川荒地，滿地石塊卵石，無人耕作；台糖藉著擁有開墾機械與資金，除了請工人外，因緣際會的剛好有「職訓總隊」提供的犯人人力，台糖便發包給職訓隊員去整地。

蔡時清說：在短短數年中，荒地全變為良田，他不會忘記當年在荒地上工作的情況。台糖提供的推土機一犁過，職訓隊員們便以肩挑畚箕挑石頭，幾百人同時在一個農地上工作，像軍隊操演一樣，工作效率驚人。

台東糖廠所設的台東鳳梨工廠，在鼎盛時期依政府的既定政策轉讓給民營。一九六八年，由永豐餘財團所組成的「興業公司」承購下來，經營了幾年，因一九七〇年間泰國鳳梨開始襲捲亞洲地區，造成國內鳳梨競爭力大減，加工廠辛苦維持，又轉而從事香菇、蘆筍等農產品加工，但是最後仍然難逃關廠的命運。

不過這塊廣達五公頃的土地，並沒有因此而失去效益，約一九九一年前後工廠整個拆除，轉了幾手的財團最後將工業用地變更為住宅區，目前當地興建為五百戶的大社區。

至於台東糖廠的製糖工廠從一九四七年後，因為鳳梨工廠的興隆，連帶地帶動蔗作的刺激，使原來有關閉計畫的構想，非但暫予擱置，甚至陸續進行拓建，機器廠房幾乎全數更新，製糖量由每日八百噸，到最高峰期曾經的二千四百噸。

蔡時清說：這次轉型讓台東糖廠多活了四十多年，這段時期也是台東發展經濟產業最有起色的時間。此後國際糖價呈現長期低迷，台東糖廠的製糖量每況愈下，

而台東縣人口則一直停留在「負成長」的
階段。

在景氣不佳的氣氛中,台東糖廠重新
思考下一次的「轉型」,積極尋找「第三
春」機會。糖廠甚至於「不務正業」,涉
及建築國宅出售、養羊、種植蘭花外銷、
製作副產品及超市零售等多項事業。

最值得一提的是台東糖廠新近一口氣
提出了數項大計畫,包括在豐樂地區興建
新市鎮計畫、在富源一帶闢建大型遊憩區
及池上糖廠改建為牧野休閒農場等等,與
現代觀光休閒企業相結合。

而在此時,製糖工廠正式關閉走入歷
史,也許台灣的製糖業已經到了沒落的黑
暗時刻,靠蔗作可能再也無法為後山開創
另一個春天。就如同蔡時清所說的:台東
的農民寧可去種釋迦,也不願再去種甘
蔗,因為後者利潤太少。

不論如何,台東糖廠的這支煙囪曾經
代表著後山的經濟實力;地方上也一直希
望煙囪不要就此消失,甚至期待像四十多
年前的景象能夠重演,然而權衡當前的環
境,又讓人不敢奢望,這種心情毋寧是十
分矛盾的。

▲ 台東糖廠鳳梨工場大門。(田增池攝於1964年)
▼ 台東糖廠鳳梨工場。(田增池攝於1966年)

◀台東糖廠卡車載蔗進廠情景。(田增池攝於1966
年)

恒春人到台東

▲美和移民村的日式建築。

六、七十年前，一群恒春人扶老攜幼遠離家園，心中懷抱著希望，到後山開闢新生活，他們沿著東南海岸崎嶇海灣，穿越過窮山惡水，走了兩天兩夜，終於來到美和，一個日本人粗略規劃的荒地，開始一鋤一鋤地拓荒，辛勤建立起東台灣第一座漢人農莊。

早期為了開拓東部地區的大片土地，日本人先後實驗了幾項移民政策，在台東縣境內就有官營「敷島村」及「龍田村」等，從日本新瀉等地招募了農民移墾，但是受到天災、環境不適應及風土病影響，實際上並未成功。

一九二四年日本政府改絃易轍，由「台東製糖會社移民事業」改制的「開拓會社」以「私營移民」方式，從台灣西南部招募農民移墾，第一期四十戶恒春移民就是在此情況下到後山來。

這群移民嘗盡千辛萬苦，忍受到烈日當頭曝晒，老老少少赤腳走在密佈礁岩、砂灘的海邊，身旁一望無際的大海，目標卻不知在何處。只有前人口傳下來的經驗，沿海邊一直往北走就會看見美麗的後山。

當年出生僅四十天仍在襁褓中的陳進連，隨著父母親踏過這條移民路，聽父母談及沿途上最讓移民喪膽的應該是原住民的突襲。他說，在鄰近美和的華源地區，

附近有一棵茄苳樹下，剛好一條小溪流經過，過往旅人常在該地休憩，同時低頭彎腰去喝清涼溪水，卻被躲在暗處的原住民以弓箭射殺。爲了這個緣故，恒春移民身上也會隨身攜帶弓箭防身。

陳進連說，曾經有「恒春番」在途中埋伏，結果發現過路的旅人是恒春人，基於「同鄉情誼」便放了他們一馬。他提到，恒春移民身上習慣上搭著一件短背心，外表上很容易認出來，這件事還是「恒春番」傳回恒春，再由後期移民流傳到移民村。

六十歲的尤新登說，當年在恒春受到耕地不足，家族食指浩繁影響，其父親便毅然決定到後山陌生環境來討生活，走了兩日夜的海岸才到美和，糖廠的「駐在員」分給他們一些食物和耕具，並且告訴他們可自行選擇「土肉」（土質）較佳的荒地耕作；至於推廣種植的蔗種和肥料也可以事先向製糖會社申請，俟採收後和會社結算。

在移民村的生活狀況，尤新登說談起會「目屎流」，住的是「條仔脚厝」，柱子是木條，屋頂舖了茅草，四面牆則是以菅芒草來蔽風，約三十坪大的土地蓋了二房一廳，廚房另外搭蓋在屋後；每遇到颱風村民就要趕緊用藤或繩子固定，但是往往還是被強烈颱風吹得空無一物。

尤新登說，他小時候穿的衣服是「硫胺」肥料袋所縫製的衣褲，村人都稱著「布袋杉」。至於吃的多半是「蕃薯簽」和地瓜菜，加上土豆而已，偶而有空便會到村後的海邊去乘竹筏釣魚，打打牙祭。

五十歲的陳玉蓮則說，她足足吃了二十年的「蕃薯簽」，稍長才到隔壁三和村的「鰹仔醃」工場去撿拾淘汰掉的鰹仔魚頭、魚肚，帶回來後還捨不得吃，用鹽醃製過，留著慢慢配蕃薯簽吃。

▲美和移民村內。
▼美和移民村的水井。

　　村民們建立了完全以恒春人為主的農村聚落，但是村內公共設施十分缺乏，除了會社蓋了一棟和式建築物，充當「駐在員」辦公兼宿舍，有時候還兼放肥料，村民稱為「原料區」，一所小學校則在村落外圍，位置在現今美和國小附近；此外大概是一口全村人賴以活口的水井了。

　　水井在會社辦公廳外，以繩子墜入井中取水上來，陳玉蓮說，以前村民每天早上忙著到田裡工作，取水多在下午，那個家家戶戶拿著水桶排隊等候的影像，迄今仍讓她難忘。

　　陳進連說，他的母親為了養活五名子女，還特地到原料區去幫日本人洗衣、燒水，賺錢貼補家用，生活過得艱辛無比，父母親還為當年千里迢迢遠到後山來打拚的夢想懷疑，不過自從移居到後山以來，他們沒有再回到故鄉恒春。

　　日治末期，美和移民村也投入人力協助軍方運輸、修築碉堡或地方建設，陳進連說，日本人要求村民以出「公工」方式，每人以輪流十天為限，出工時帶著自己牛車前去挖土、清運。有時候灌溉用的水圳被土石阻塞，也要出工去清理。

　　今天美和移民村已經不純粹是完全來自恒春的移民了，由於鄰近台東平原，新蓋的別墅如雨後春筍般出現，參雜老舊的「竹筒仔厝」之間，顯得極為突兀，唯一的和式原料區建築物仍在，只不過糖廠已賣給村民，至於那一口水井，已經功成身退，靜靜躺在一旁；村落內處處留下早期農村時期的居住遺跡，例如：以卵石堆疊起來的矮牆、石塊蓋的豬舍、黏土混合牛糞的土牆，在在引發思古情懷。

旭村是日本移民村

▲ 旭村日治時期景相。（出自《東台灣展望》）

　　台東市豐里地區於日治時期曾經設置一座移民村，老輩鄉親都知道叫「旭村」，僅存的一棟「日本仔厝」，曾是不少在該地度過童年的日本人，還經常抽空回來憑弔、回憶，並且拍照留念懷念之地。

　　「日本仔厝」的屋頂呈圓錐狀，遠望造型如同斗笠，整體結構以鐵皮、木板為主，間歇的幾處牆基則糊上水泥，看得出來是較晚近年代所補上去的痕跡。

　　屋子的主人叫徐子彰，現年四十三歲（一九九五年），戰後初期隨父親由南投移居到後山，就落腳在豐里地區務農。「日本仔厝」是父親向一名老年人買的第二手，原來住的日本人在返回日本前，匆忙交給了他。

　　徐子彰說：「日本仔厝」住著他們一家七口，子女成長後分居出去，目前還有他和弟弟兩家十餘人擠在一塊兒，已讓屋子沒有喘息的空間。

　　「日本仔厝」當年在旭村內有一、二十棟，分別興建在道路兩旁；日本人興建時，用的是木板為牆，杉木為樑柱，屋頂則覆以茅草。

　　徐子彰的鄰居「阿治仔」，已經六十八歲（一九九五年），身子還很硬朗，她可能是目前住在旭村的民眾中，少數曾與日本人「共事」與生活過的人物。

　　「阿治仔」表示：旭村的「日本仔

厝」約二十戶人家，每一戶約有兩分地，厝皆緊靠路旁，後面空了一分地，如果有台灣人為日本人做工或幫傭，可以在後頭空地搭建簡易的「草寮」，以便就近工作。像她十四歲時與家人從彰化搬到後山，住在與豐里相鄰的豐源地區，兄長們幫人種田耕作，她則以煮飯、養牛為主。

在旭村的工作是由每天清晨聽號角起床後開始，先到神社參拜再上工，傍晚放工回來，每戶輪流煮熱水供村民在公共浴室洗浴，生活有濃厚的日本農村味道。到了甘蔗採收期，男男女女皆到蔗田裡去打工，移民村周圍是「台東製糖會社」獎勵種蔗的區域。「阿治仔」表示：由於日治末期，年輕人多半被調往前線當兵，留在村內的要不是五、六十歲上了年紀的，就是婦孺，因此缺乏大量人力。

至於酬勞方面，他們到蔗田工作，每砍完一把甘蔗，以月桃纖維捆綁好，日本人就會以「把」為單位核算工資，最高的時候一天可賺十元。

「阿治仔」記得很清楚，當年從山前坐車到後山光是車票就要花十一元五角。她說：一百斤的白米，大約是八元。

大概是這個緣故，晚期的旭村日本人對「阿治仔」她們態度上已經和緩許多，甚至於有熟識的台灣人，還會受邀到「日本仔」家中作客、喝茶談天。不過日本人在看不起本省人或憤怒時仍以「新南京」的話語來罵人。

在移民村的實際公共設施方面，「阿治仔」稱印象中有一間「會館」（即目前的肥料倉庫），每年到元宵節這天，日本人都聚集在此地糊燈籠，大概是受戰爭影響，日本人糊的燈籠盡是飛機、船艦。

另外，旭村內設有一間小學、一間派出所，配屬有四名警察。「阿治仔」說：日本警察對犯法的人施以酷刑是大家都知

▲ 旭村居民的歸途。（出自《東台灣展望》）

道的事，因此治安很好。

　　相對於「阿治仔」的際遇，徐子彰則認爲他已經十分幸福，僅在旭村的小學念了三年書，隨後就轉到新建的豐里國小去就讀。

　　一九六〇年間，旭村內的「日本仔厝」被一場大颱風拂過，全數倒塌，就只他們所居住的這棟倖免於難，但一旁的廚房則難逃一劫。

　　颱風過後，旭村的「日本仔厝」走入歷史，村民紛紛改建現代的瓦屋或鐵皮屋，徐子彰家也花錢僱人依原狀加蓋了鐵皮屋頂，另外廚房也重新漆過水泥牆，原來的地板是泥地，也舖上水泥。

　　徐子彰表示：這棟房子的原始所有人是大正五年由日本新潟移民而來，扣除一些時日興建房子，算起來也有七、八十年的歷史了。

　　「日本仔厝」除了屋頂茅草上層覆蓋的稻草需要每年換新外，屋樑迄今仍然黑得發亮。徐子彰說：自從蓋上鐵皮後，裡面的稻草就從未更換過，倒是這種「斗笠狀」屋頂太斜，他曾上去漆柏油，卻無法站直身子，必須借助繩子綁住身體才不至於滑落。

　　近幾年，前來尋找「日本仔厝」的人突然多了起來。有一些日本人每年來看，也都拍照留念。據說他們童年就在旭村過的，返回日本後，每憶起小時候，就會想到台東的老房子。徐子彰提到：這些日本人也很有感情，回到日本後，還把照片寄回來給他。

　　惟「日本仔厝」終究無法敵得過歲月的摧殘，徐子彰於一九九七年動手拆除改建，旭村的最後一棟「日本仔厝」就此成爲絕響。

▼旭村日本厝「斗笠狀」的屋頂。

【龍田移民村】

現年七十八歲（一九九四年）從台東縣府退休的前農林科技正林錦章，一九二三年移居龍田村，並且在當地「鹿野公學校高等科」畢業，看著日本人經營龍田，受日式教育；戰後，一九五四年又被派回鹿野鄉公所擔任建設課長，掌理過教育，更多的是農業；這兩度與龍田結緣，加上親眼所見日本式的開發，他成爲這段時期的農業專家與見證人物。

林錦章舉了兩個例子，證實日人的耐心與實事求是的認眞態度，首先是龍田地區缺水源，他們爲了「求水」，在今日的鹿野溪河床上開闢水田，截引溪水，計畫生產稻米，以期米糧自給自足，但是三年後却遇洪水一掃而光。

另外從距離數公里外的鹿鳴橋山壁鑿溝渠、引水圳，直通往龍田村下方，完成一條「遇水搭橋，逢山闢徑」的渠道創舉。隨後又被大水沖失，總督府補助重新修繕一次，因爲東部颱風多，經常發生坍方，終於在不斷修修補補後，於一九三九年宣布放棄。

第二是爲了防止山豬的蹂躪甘蔗；日本人徹底地圍成一道高五至六米的「鐵絲網長城」，從現在的鹿野國中坡地起，經省茶改場台東分場，一直到通往延平的鄉界處，沿途設有柵門，並且有人負責巡邏。

當時每逢甘蔗採收期，龍田村無論日本移民或台灣佃農，有長達兩個月時間都必須輪班睡覺的紀錄，主要是防止山豬闖入！他說，防範山豬的方法很多，有的在田邊置「電土」，以它的刺鼻氣味，讓山豬不敢靠近。但是兇猛的山豬，還是經常越界毀壞，踐踏農作，因此最有效的也是最原始的方法，就是以人驅趕，常常拿棍子敲打臉盆鐵桶來嚇唬山豬，與「野獸爭地」。

「龍田移民村」在組織分工制度上很健全，村民服從與團結性強，反之對村民的福利措施也非常重視。這個自成系統的格局，由「鹿野區民會長」田久保健治爲主要執行者，下設四組，各以「坪」來區分工作性質，另外也包括消防組等完善的公共服務設施體系和鹿野公（小）學校等。

至於村內的「福利中心」稱爲「酒保」或「購買部」，除了日常用品外，還兼辦「耕作資金、肥料、種子」等事項。另「青年會館」則是全村精神中心，各項活動會議均在此舉行。

一九二〇年日本在馬蘭設立的「台東製糖株式會社」，面臨倒閉，由於長期來甘蔗普遍收成未臻理想，實際上當初甘蔗產量估計僅五、六萬台斤，加上「季節移民」龐大的人口壓力，無法養活這麼多的移民，製糖會社於是分開成立「開拓株式會社」與「製糖株式會社」，前者凍結相關資產與不必要的開銷，而製糖會社則全力經營種植甘蔗。

▶ 龍田村耆老
林錦章。

製糖會社組成以「經理課」、「農務課」、「工場」三大管理部門，把龐大的製糖業（內含移民管理）治理得井井有條。

一九二四年後，製糖業蕭條，移民村的人口一度下跌至鹿野四十八戶，男性一百五十人，女性一百四十五人，合計二百九十五人（其中十二戶技術人員）同時期鹿寮僅八戶，男女各爲廿四、廿三人。

林錦章分析移民村經營上的實際難題，歸結出最大的因素仍在於「天時與地利」未能配合，縱使有良好的管理制度，卻也抵不過接踵而來的重大打擊。

第一是交通不方便，當年雖有「台車」經龍田，但是幾乎全靠原始動力的運輸耗費時間、人力。鹿野的老一輩鄉親猶記得，曾爲了解決運輸問題，試過把甘蔗綑成一大把，編成竹筏，順著鹿野溪而下，然後在岩灣附近打撈上岸，再運至台東製糖廠來榨糖，但最後無疾而終，理由是漂到台東的甘蔗往往都只剩下三分之一。

其次是熱帶病太多，林錦章說：幾乎每戶人家都有「馬拉里仔」、「三日熱」、「五日熱」等病患，使得移民村必須設立「醫療室」來醫療村子內外的病人。

此外，夏季颱風猛烈加上氣候太熱，尤其是在多颱風又酷熱的氣溫下從事農作，日本溫寒帶人民消受不了；以及水源缺乏、野生動物山豬、毒蛇、老鷹等危害人畜和農作物都是其中重要因素。

至此，自視甚高的日本人也開始因爲經營不善而鬱悶塡膺，紛紛以喝酒滋事，甚至以圍場來發洩心中的怨氣，意志力低落至谷底。

日本人眼見風氣敗壞，除了鼓吹成立「禁酒會」外，一方面於一九三五，積極籌辦「移民村開村廿週年紀念大會」，日本人想趁機一舉振奮士氣。

事實上，經過了廿年的努力，日本移民村治理成績已浮現。林錦章說：當時和他一樣歷經種種苦難折磨的下一代都已成長，廿餘歲的孩子都已習慣熱帶地區的天氣，「瘴癘苦熱」疾病克服、衛生、教育都上軌道，重要地通往初鹿、台東的鐵、公路開通便捷，龍田村處處顯得活絡，生命力十足。

不過整個亞洲大環境的變局，對剛起步的龍田影響空前浩大，一九四七年「七七事變」發生後，局勢日緊，日本政府徹底動員，鹿野地區也和其他各地方一樣，壯丁幾乎全被抽調上戰場！村落裡很難得看到一個年輕人！製糖會社無論肥料、物質、機械等均短缺，更重要的是勞力呈現斷層，剩下老弱婦女在支撐，這才是致命傷。

從此「移民村」每況愈下，人口數一九四〇年剩下四十二戶，到了一九四五年二次大戰結束前爲一九四六戶，一百六十八人，一九四六年後全數遷居回到日本故鄉，「移民村」終於落幕。

現在的龍田「移民村」舊址，仍可以看見殘存的建築物，在歷經八十年的風吹雨淋，乏人管理下已不堪使用，像一座廢棄物般。但是在年長龍田人的印象中，這裡曾經走過一段輝煌歷史的「開拓歲月」，和一段「剪不斷，理還亂」的異族情誼。而今，隨著時光的流逝，記憶已逐漸褪色、模糊。

▶龍田村的舊宿舍。

管宮勝太郎和新港移民村

▲ 新港移民村留下的老房子。

一九二〇年間，一位派駐在新港支廳的最高長官率領著日本人和當地人爭取「新港」建港、舖設馬路，他甚至願意降級留任，還吩咐死後骨灰不能離開摯愛的土地，一生長眠此地，化為後山的泥土。

這位名叫「管宮勝太郎」的新港支廳長，所大力爭取闢建的港口即今天的成功鎮新港漁港，它是台灣東南海岸最大的漁港，興建過程牽涉出一段的中日情誼，同時也促成「新港移民村」日本漁民在後山生活十餘年。

東海岸沿岸漁業資源豐富，日本政府鑑於小港天然港澳不敷使用，乃於一九二九年接受地方建議在鄰近另闢「新港」（戰後改為成功鎮），從六月開工後進行一個半月即告停工，地方在還未來得及對原計畫工程五十萬日圓的建設經費欣喜若狂時，就遭到一盆冷水當頭澆下，經過打探才了解主要是因為當年台灣總督府「拓殖大臣」往花蓮視察，發現花蓮港更適合築大港，因此將經費全數抽離到花蓮。

「管宮勝太郎」當時以警察身分兼任新港支廳長，他對於新港地區的一草一木皆有情，聽到日本政府的決定就帶領地方人士到總督府去「探情」（陳情之意），堅決爭取在當地必須要有一座漁港以照顧漁民，同時也可為廣大的後山海岸地區日本政府計畫進行移民舖路；隔年五月二十

日，日本政府終於恢復施工，但是經費已經「縮水」甚多。

當年計畫僱請原住民工作，每天的工錢爲六角日錢，但是復工後，原住民實際僅領到一天三角錢。不過在一九三二年元月完工後，總經費還是達到八十四萬日圓。

「新港」興建完成，日本人隨即進行移民計畫，在靠近港口處蓋了四、五十戶木造鐵皮屋，並且提出各項優惠措施，例如補助漁船購置、旅費補助一半及土地房舍十年無息償還等，開始從日本千葉、沖繩等地招募漁民進駐。一九三三年起有日本漁民移入，移民村內也設置了「漁民出張所」，有三名移民官專門管理村內大小事物。

這棟純粹以漁民爲主的移民村在後山地區是唯一的一處，日本人引進了新式漁船，包括十七噸級四十四馬力及十噸級二十五匹馬力的漁船，在近海處以「標魚」方式來從事漁獵，這對當時的成功地區靠海居民而言確實是眼界大開。

當時在成功沿海每年漁汛期爲十月至隔年四月，所捕獲的漁類以旗魚、鯊魚、方魚爲大宗。捕魚期間，約在天剛亮的四、五點出海，到了下午三至五點就返航。在海上必須要有眼力好的漁民登上桅桿去找魚群，一發現成群游動的魚群，便加足馬力追趕並由標手擲標捕獲。

由於是新穎的捕魚技術，居民們皆不懂使用，日本漁民後來在人手缺乏時，才願意僱請當地的漢人或原住民幫助，從最基層的煮飯起，一步步爬升，眼力好的升任尋魚群手，手臂有力的則升任標手，最後熟諳船上作業的才能擔任「機關長」。

移民村的日本漁民帶來漁獵「革命」，收獲一下子激增，令居民們一時之間無法處理龐大的漁獲量，成功鎭耆老王河盛的父親王金土，就是在當年用高薪從基隆水產所，聘來台東新港協助處理漁貨，教導漁民殺魚、裝箱和冰存；王河盛也在六歲時隨著家人定居後山。

新港漁貨在過去皆以銷往基隆、高雄爲主，少部份才進入台東市場，當時從新港開往基隆的定期漁船每月四班，其中一星期有一船次，往高雄則因受限於巴士海峽風高浪猛，每兩星期才有一航次，而台東的大宗貨品，皆靠著定期漁船航行載運流通。

根據「台灣總督府殖產局」於昭和十三（一九三八）年的統計，當年魚市場拍賣全年漁貨量達到九萬二千四百八十一日圓。而從日本各地移民「新港移民村」的戶數，在一九三八年時達四十五戶，包括有和歌山二十一戶、千葉十戶、沖繩六戶、熊本六戶、德島二戶、大分二戶、神奈川一戶。人口數則爲一白五十二人，其中男性七十九人、女性七十三人。一九三九年移民村又招募漁民進駐，最高峰期達到五十餘戶。

▲ 新港移民村後是漁港。

二次大戰結束後，新港移民村的日本漁民分別搭船返回故鄉，但是其中「高崎」、「金城」兩個家庭則留下來繼續指導成功漁民捕魚技術和漁具改善。同時日本漁船也由國民政府接收，以「日產」方式開放供漁民招標租用。王河盛說，當年流行的一句話是「漁船老板一半、船員分一半」，扣除漁船所需的油料經費外，以分成百分之五給標魚手、百分之四給機關長、百分之一給煮飯人方式分配。

一直到了一九七五年，成立水試所台東分所後，大量改善漁具和教導捕魚技術，終於可行進行全年全天候出海捕魚，漁民生活大幅提昇，加上政府補助購買漁船，於是幾乎成為「沒有一個討海人不是自己當主人的」。

至於「管宮」在新港的事蹟，王河盛用一句話描述「日治時期新港的道路、港口等公共建設都與他有相當大的關係」，他說，新港支廳後來在一九三七年改制為「新港郡」，「管宮」係武官無法接任文官郡長，為了要留在當地，他寧願降職成為「新港庄庄長」；直到退休後仍留在新港，死後並交待骨頭不能離開新港。

王河盛說，「管宮」的女兒在一、二十年前還常會回到新港祭掃父親墳墓，但是在數年前為了興建成功商水校舍，必須遷葬墳墓，王河盛通知「管宮」女兒前來處理，結果墳挖深數尺，仍然找不到「管宮」的骨灰，家人只好撿了一粒現場的石頭帶回日本本州當作紀念。

▲新港移民村房舍。

▲「管宮勝太郎」的女兒(中右穿洋裝者)與女婿(中左)在1973年到新港掃墓(今成功商水校園中)。(王河盛提供，圖右前方蹲者)

中華會館是
後山的抗日基地

▲ 中華會館。

　　光緒廿一（一八九五）年日本治台初期，一批從閩南福州、林森縣等地及部分廣東省人士爲了尋求理想開創新生活的「新移民」紛紛選擇後山落腳，這批人十分團結，擁有自己的同鄉會組織，更因爲他們從事的行業符合當時開發的需要，因此很受到民眾的信賴與歡迎。

　　日治末期，這批閩南籍移民，更運用其影響力，秘密從事抗日的工作，與中國的國民政府遙相呼應，一直到戰後。

　　戰後，這批「抗日志士」適逢實施地方自治，分別在政壇上占了舉足輕重的地位，其後代也有人接棒傳承，影響深遠。

　　台東縣第一位參議員、立法委員鄭品聰是一九〇一年隨父親從福建龍岩移民台灣，隨後定居後山開設中藥舖，在當時醫學不發達，西藥缺乏下，鄭品聰所經營的中藥舖對民眾的病痛醫療，提供了重要的助益，濟人無數。

　　一九一三年，原居住於福建安溪的劉洋兄弟，因爲家鄉生活困苦，乃決定東渡台灣，到了後山經營五金行，販賣五金、鐵器，是台東地區老店之一。

　　此外，這批閩南籍移民大部分從事開餐館、裁縫店與理髮店維生，因此一般人

稱爲「三刀」行業，在當時算得上是比較新穎的行業。

由於「新移民」來自中國唐山，日本人爲了便於管理控制，均將其劃歸於「華僑」，與本地民衆區別。於是在「故鄉人血濃於水」的相惜心理外，「閩南」、「福州」同鄉會等的組織遂因應而生，同鄉會成員相互照應，遇有失業或生病，同鄉會也會伸出援手。

一九二七年七月，同鄉會由鄭品聰、劉洋、余仕翰、陳其要等十四人發起籌建會館，「中華會館」乃在「華僑」出錢出力下興建完成；據統計會員共計有一百十六人。會館則作爲旅東「華僑」集會所之用。

事實上，在這之前，鄭品聰早已看不慣日本政府的作風，無論在政治、教育及一般政策上都將台灣同胞當成「次等國民」，他本人於中華會館成立當年加入中國國民黨；秘密從事抗日活動。「中華會館」乃成爲後山抗日的基地。

鄭品聰利用同鄉會集會時機，多方宣傳抗日思想，激發鄉親的反抗精神，影響所及拓展到後山各階層各行業，對當時純樸的後山居民而言，誠屬新的衝擊。

鄭品聰本人同時四出奔走，並遠赴閩南故鄉與鄉親共商反日活動，期間一度被捕入獄，受盡日本人的酷刑拷打，所幸未因此送命。

不過，在一九三七年七七事變後，日本政府爲了加強控制後山，凡是具有「華僑」身分者均嚴加監控，遇有風吹草動即下令抓人，這期間有多人被捕並且在獄中先後喪命，包括鄭振貴、陳其要、張和光、陳紹安、鄭相官、陳伯盛等。

另外包括劉洋、林嫩仔等人也難逃一劫，分別被日警嚴刑拷問，身心受到相當大的折磨。

戰後，鄭品聰、劉洋等人因爲抗日有功，被國民政府委派協助接收後山地區，立即恢復原有的社會秩序與生活。

同時在後山因抗日成仁的烈士奉內政部褒揚入祀忠烈祠，其他的抗日志士則在每年十月二十五日由台東縣政府公開表揚，並且由遺屬繼承，做爲政府感謝志士功勳事蹟的心意。

▲ 中華會館。

歷史 14 留痕

後山接收記

▲ 陳金榮（右一）主持「中日友好親善平和記念碑」成立。

　　戰後初期的台灣百廢待舉，社會人心浮動，處於移交之際的政府機關內，台灣人與日本人還在同一個屋簷下辦公。後山人渴望回歸祖國的心情殷切，可是兩篇敍述當時民情的報告，臨時更換了首任官派縣長的決定。

　　戰後為了順利接收台灣的管轄權，國民政府特別組了一個「接收台灣前進指揮小組」，同時在各地區選擇士紳擔任「前哨觀察員」，分別找人撰寫「民情」、「地方行政事務」的報告，提供層峰參考，再派一位適當人選負責接管工作。

　　林尚英就是當時被選上的「前哨觀察員」之一，一起被選上的還有一個人，擔任「卑南街助役」（約今日之副鄉鎮長）的溫勝騰，兩人秘密地趕往台北寄住於大稻埕的「台灣旅舍」，與「前進指揮小組」碰面。

　　「前進指揮小組」成員要他倆分別針對後山台東的「民情」與「地方行政」寫了兩篇報告，而且要他們儘可能多寫，不必隱瞞實情，內容則愈多愈好，且以其熟悉的日文撰寫，自然會有人去翻譯成中文。林尚英撰寫台東民情主要著眼點是談到日治時代原住民的抗日情結，包括多次襲警事件，曾使日本政府相當頭疼等事。

　　沒想到這篇原住民情報告，使得原本安排要到台東接任第一任官派縣長的

「牛」姓官員臨陣退卻，不願前往報到，只好改派福建省連江縣的謝真赴台東接任。

林尙英對該情節記憶猶新，他提及當時兩人只顧洋洋灑灑毫無保留地記下對台東的觀感，根本對誰來接管台東並無法去顧慮。在人選決定後，謝真立即和他們動身南下，同行的還有前立法委員鄭品聰。

當時恰逢颱風過境，本島交通中斷，但是爲了要掌握時效和穩定民心，謝真一行仍然不顧陸上交通無法通行，搭船由基隆出發抵達新港（今成功鎮），再由成功鎮搭車前往台東鎮。

這一趟路走得讓人動容和熱血澎湃，沿途上只見民衆在部落前列隊歡迎，雖然沒有現代的煙火和鮮艷的旗海佈置，卻有出自內心歡欣鼓舞的傳統鞭炮、鑼鼓聲不絕於耳，他們一行人感動得熱淚盈眶，民衆用盼望的心將他們迎回縣府。

整個台東最高行政機關正進行人事調整，在靑黃不接時期，謝真重用了林尙英，除了有北上秘誼並接其到台東上任的關係外，謝真以外地人身分對地方不熟識又沒有帶人馬上任，自然要任用值得信賴的本地人士，當時林尙英在台東生意做得相當不錯，緣因他年輕時被父親送往日本東京大倉商業學校就讀，畢業後服務於「東京漁業組合聯合會」，習得日本人商業經營觀念，前後在日本待了八年。

憑著在日本的商業實戰經驗，林尙英返回後，和日本人做生意無往不利，所憑的就是流利的日本本土腔日語，和對日本事務的嫻熟，當時他曾是台東十家木材商委託人，全權由他和設於高雄的日本海軍造船廠接洽生意。

老一輩人士指出，當年日本人在後山砍伐林木規模甚大，許多山區地點都曾經

【「陸軍醫院」接收記】

台東縣卑南鄉初鹿村有過一座當年東南亞最大的「陸軍醫院」。戰後被拆除，從醫院建築物拆來的檜木曾提供全鄉小學做爲課桌椅及校舍材料還綽綽有餘。

一九四五年底，正值廿六歲靑春歲月的年輕上尉軍官向光明，帶著一連一百六十名士兵，懷著忐忑不安的心情，從屏東枋寮分乘四輛「燒木材的卡車」越過南迴崎嶇的山路、陌生的土地、蠻荒的田野，整整走了兩天才到初鹿。

向光明是國民政府軍隊派到台東縣執行接收日本軍隊投降的第一批先鋒部隊，由於是平生第一次進入「化外之地」的後山，部隊中的每一個人無不膽戰心驚，深怕這一去凶多吉少，何況對日軍的軍情全盤不了解。

向光明回憶那一段永難忘記的旅程，他說：卡車走走停停，燒了木頭才產生動力，遇到斜坡，還要士兵下來推車。

雖然名義上是來接收，四輛卡車卻是向卑南鄉溦粉部落一間製造「甘薯粉」會社所借來專門運輸物品的車輛，向光明的連隊隸屬六十二軍、九十五師、二八四團機槍三連，連隊上連一輛車的配屬都沒有。

▼ 向光明。

▲ 向光明接收當年留影。（向光明提供）

抵達初鹿後，向光明小心翼翼地住紮在「陸軍醫院」後的龍過脈山區，他要求部隊小心戒備，千萬不可輕舉妄動；經過數日觀察，發現對方並無其他企圖，也沒有敵意。才將部隊集合到比鄰的平地，與「陸軍醫院」僅一山之隔。

這時「陸軍醫院」的「院長」主動來邀宴。向光明說：他當時心裡害怕極了，聯想到會不會是一場「鴻門宴」，但是為了要展現泱泱大國的軍官氣度，他不得不壯著膽赴宴。

當他抵達醫院門口時，數百位（後來經清點才知道整個陸軍醫院共有六百多位官兵）官兵列隊向他致敬。場面很盛大壯觀，他注意到幾位日本人眼眶含著淚水。那一餐，向光明吃得很不習慣，所有菜肴都是「沙西米」，他說：魚肉生吃，連豬肝、豬腸都一樣，院長後來感到不對，才拿了火鍋解決了兩個民族「不同吃法」的問題。

俟正式接收「陸軍醫院」後，才知醫院的規模之大遠超乎想像；佔地約六、七公頃，包括現在的初鹿公墓及山坡地直到舊花東公路旁。數十棟的房舍，建築清一色木板屋，上鋪蓋黑紙布，地板鋪水泥，兩邊則是連接的病床通鋪。

為了充分供應醫院的水源，日軍從幾公里外的「水源頭」山區直接設排水溝引進山泉水。另外從一個小例子也可窺探「陸軍醫院」的龐大運作實體，在初鹿部落居住了四、五十年的陳彰輝說，他姨丈柯珍令（戰後擔任村長，知本大飯店的創辦人）當年是專門供應整個醫院每天所需的雞蛋，在柯珍令家中共養了數百隻雞。

接收部隊光是接收日本軍隊的槍枝，就有四、五百枝步槍和少數輕機槍，而事實上比較新的或好的槍械彈藥，日本物品床單、毛毯，甚至藥品，日本人事先已送給初鹿部落的平地人或原住民。

向光明自己也接到兩件院長送給他的「禮物」，一件是「鐵馬」，富士霸王牌的，在當年算是最高級貨，另一件為「留聲機」，也是一般人不容易得到的東西。

此外，還有一大堆的罐頭、武士刀等物品，日本人都把它們藏在龍過脈山腹防空洞中，陳彰輝說：小時候，他還偷偷去挖一些鳳梨罐頭出來吃過，他表示，日本人臨走前，把一堆貴重或較新式的武器、裝備統統埋在山裡。

這個舉動的背後，其實是日本人打算做「長期抗戰」的準備；原因是抗戰末期，美軍加入轟炸日軍佔領區行列，設於現今台東市區的絕大多數「台東廳」的所屬機關都疏散到鄉下，初鹿部落因為四面環山，地理形勢易守難攻，加上飛機無法低空轟炸，因此成了台東市的「陪都」。除了「陸軍醫院」外，廳辦公處、醫院、台灣銀行、鐵路局都遷移到沿線上。而龍過脈山區現在猶留有防禦砲台的基座。

「陸軍醫院」也因此成了最重要的後方醫院，專門收容前線戰場上受傷的官兵，還收過「關東軍」部隊的官兵病患，顯見其重要性。也因此向光明前來台東接收日軍，第一個到達的地方是初鹿部落，而不是市區。

是「寮仔山」林班的工作地，台東市區的木材廠也十分興盛，靠著「寮仔山」工作生活的人不計其數。而後山每年由木材商提供爲數龐大的木材，讓海軍造船廠使用，當然目的是建造船艦，以作爲軍事用途。

雖然正值改朝換代日本人撤退，但是相關的地方產業與新政府對過去體制一時之間仍無法擺脫，最明顯的就是在縣府內許多日籍高級主管都仍留用一年，以便讓所有接收工作就緒，而同一辦公室內就有台灣人、原住民、中國人和日本人等多族群，日語是通用溝通語言。

謝眞上任後將林尙英找來，直接告訴他要借用其長才委以重任，林尙英回答有木材事業在身，謝眞斬釘截鐵地說「晚上馬上結束掉」，這一句話改變了他的後半生，展開了另一段在後山政壇的生涯。

當時林尙英位高權重，負責擔任接管委員會台東縣主任委員，凡是縣府一切主計業務與日產事業、財政支出等均要經其手，他的辦公桌旁是日治時代台東廳的「會計係長」，主掌了整個縣府的運作。由於初期縣府人才缺乏，他一人身兼數職，旣掌理主計財政，又是縣長的貼身秘書，負責處理上下事務，接待前來台東巡察的中央機關要人，先後有：蔡培火、丘念台、胡適等人。

因緣際會地，在新、舊政府交替之際，不同族群人士匯聚在一個屋簷下縱然辦公室內交織著不同的心情，但是藉由地方事務的牽連，使彼此之間的情誼無形中散播開來，，也造就日後成立「台東會」的主要原因，林尙英居中的穿梭應該有一定的作用。

林尙英於一九五七年選上第一屆省議員，退休後擔任國民黨中央評議委員，他與「台東會」的日本朋友經常有來往，也時常交換日本政情評論，尤其是每回在日本政壇動盪時期，預測日本首相的人選任期皆十分接近，連日人都不免佩服他的能力，不時專程向他請益。

林尙英說，他一生中運用的是中國人的邏輯觀念，凡事「用心」而已，他把政治事務與經驗累積全當作一種修養，政壇起伏與事業起落皆要能忍能收，以修心修性，政治前途自然海闊天空，如此觀看國內外政壇事務通常八九不離十。

【「台東會」的世紀情緣】

國民政府接收台灣，一群「不識日本」的日本人返回日本，這些曾經在台東生長、工作的日本人對台東念念不忘，把台東當作第一故鄉；同時在日本組成了有二千多位成員的「台東會」，每年召開年會組團到台東拜訪，探視他們曾經住過的家鄉。這支最「死忠」的親善隊伍，已經走過了卅五年歲月，情感卻愈來愈濃厚，只有目前成員中，最年輕的都六十歲以上。

「台東會」是一九六〇年在日本東京，由曾經就讀台東中學校（現台東中學）第一屆畢業生「伊滕武志」發起成立。將日治時期在台東服務、工作、讀書的日本人聯絡組合起來，初期即有二千五百位。

到了第十三屆在日本福岡召開的年會，由現任的田子榮三接任會長，發展成為全國性組織，有系統的進行各項會務及交流活動。

就在這一年，於台東縣政府服務的陳金榮協助當時台東縣長黃鏡峰辦理出國手續，與台東會昔日熟識的田子榮三等人再度接觸；陳金榮從日治時期即在台東廳服務，受日本教育，精通中、台、日語，且有一股服務熱忱，自然就成為「台東會」在台東的連絡人。

陳金榮參加了四次台東會的年會，並且實地擔任「台東會」訪問台東的各項招待事宜。他說這群日本人不因為返回日本，就冷淡了對台東的感情，他們一直認台東為故鄉，只要到台灣來，一定要回台東，而且每年一次的年會開完就要組團飛到台東。

「台東會」回到「故鄉」，第一天與平地的老朋友聯誼敘舊，第二天通常安排自由拜訪，分赴成功、關山等「自己的老家」去看。

數十年光陰流逝，物換星移，「老房

▶ 台東會聯絡人陳金榮。

▲ 林尚英（右一）、田子榮三（右二）等人合影。

子」幾乎都成爲歷史記憶，不過田子榮三的「老家」卻還在。位於台東市區福建路一帶整排的低矮房子，尚未改建的就是當年田子榮三的故居，以前是經營「彈珠汽水」的工廠。

「田子榮三對台東的愛從一些小事就可以看出，他家中的一個房間裡面放的全是台東的資料，光是『台東會』就滿滿一桌了，甚至所有的通知都是自己親手寫的。」陳金榮說。

田子榮三對台灣感情深厚其來有自，其祖父在甲午戰爭後第二年，因爲架設軍用電話線，由基隆遷到台東後就留下來，回日本結婚後，也將妻子一起帶來。台東市舊市區的自來水系統，就是田子榮三當年任職台東廳土木課時，一手策劃設置。

至於「台東會」的成員回到日本後際遇如何？除了田子榮三擔任過兩屆縣議員外，其餘有的是律師、高中校長、營造商老板等等，年紀都已「垂垂老矣」。田子榮三曾經提議爲了「老會員」身體狀況著想，年會改爲兩年一次，但遭到會員否決，認爲萬一兩年內過世，就無法看到這些老朋友了，因此目前剩下的二千名左右會員中，儘管常只有三、四百人與會，也要維持下去。

爲了留下這段中日史上，民間交誼的深厚情感，台東縣府於一九九二年在風光明媚的鯉魚山下，特別立碑紀念「台東會」，碑上刻著「友好・親善與和平」，紀念這段「世紀情緣」。

媽祖義助平定大庄事件

▲ 台東天后宮全景。

　　台東縣立文化中心蒐藏了一塊對東縣開發，有極重要意義的歷史遺物「靈泉井」碑石，它同時與台東天后宮媽祖廟化解後山移墾史上大規模也非常罕見的「大庄事件」，有非常密切的關聯，血脈相承，提供給後世無限追思。

　　天后宮在台東市除了是信仰聖地，同時也是境內著名的古蹟名勝，廟內保存有完整的碑文記載其歷史，在每年後山元宵盛會，天后宮更是眾廟宇的龍頭，扮演著領導的地位。

　　天后宮建築的特色保留有中原古制式造形與色彩，尤其是背脊部份的曲線更形強調其飛簷與裝飾，律動感十足；在正廳外，中間是天井兩邊延伸，護龍則設有昭忠祠，迴廊上鑲著建廟勒碑。廟內裝飾包涵民間藝術上的繪畫、雕刻、塑造與鑲砌等技術，整體感覺十分富麗堂皇。

　　然而在今天昌盛繁榮的背後，天后宮卻背負著漢人開發後山的艱辛過往，像一部血淚交織而成的歷史。在一九六五與一九七○年間，台東電信局興建大樓時，曾先後在當地挖出大量的骨骸，經學者專家考證後，再度掀開了這段幾乎已塵封的遺跡。現今福建路周圍的方形區域，當年是清軍營盤基地，由鎮海後軍中營張兆連（月樓）提督駐軍於此……。

　　根據胡傳《台東州採訪修志冊》記

載，光緒十四（一八八八）年六月，因為水尾（今瑞穗）撫墾局委員雷福海徵稅太急，引起客家人、平埔族人不滿，劉添旺聯絡水尾、里龍、新開園、大庄等地居民七百餘人舉事殺了雷福海，並佔領璞石閣（今玉里），擊破水尾防營，劫掠軍械火藥，新開園哨官兵邱楨帶著營勇救援，死傷慘重。

二十七日聯合「呂家望」（利家）焚毀卑南衙署，圍攻鎮海後軍中營，當時兵力佈署在後山北路，只有鎮海後軍左營，以三哨駐花蓮港，二哨分駐「加里宛」、「吳全城」、「大巴塱」、「拔子庄」等，在事變後皆退回花蓮港。中南二路僅剩鎮海後軍中營，兵力三哨駐卑南、一哨駐水尾，四隊駐成廣澳，無法抵擋民兵排山倒海之勢，整個後山局勢相當危急。

由於民兵採包圍策略，斷了清軍水源；官兵們飢渴萬分，張兆連一面抵禦，一面派人掘井，但是挖了九仞深度，仍沒有泉水。正當大家心急如焚時，張兆連焚香膜拜，請求媽祖救苦救難，刹時泉水湧出，及時解危。

在碑文中同時道出媽祖顯靈的情景，當時營區內狂風大作，煙火迷漫，致使官兵們無法防守，張兆連再向媽祖祈禱，狂風隨即轉向，官兵們都感到神奇。另外原住民曾乘黑夜來襲，突然間軍營裡外紅光萬丈，照耀四周如同白晝，官兵們舉槍，彈無虛發，終擊退民兵。

統領張兆連困守十七晝夜，台灣巡撫劉銘傳派萬國本、吳宏落乘輪船由海路馳援，北洋大臣又派海軍統領丁汝昌，以頭號大鐵甲輪到台東外海巡弋，並以強力火藥砲彈轟擊呂家望，炸傷多人，後因為前山彰化發生民變，援軍返回，清廷才議和，第二年終逮獲劉添旺等人予以處死，該事件稱「大庄事件」。

事件後第二年，張兆連發起建廟感謝媽祖的庇佑，並率先捐出薪俸，各庄社與地方士紳共襄盛舉，集資派員到西部前山購買建材，不幸在船回航途中遭颱風沈沒，張兆連再接再厲重新採辦並督促興建；光緒十七年（一八九一年），終於在現今台東市和平街東禪寺建成，光緒皇帝賜頒「靈昭誠佑」匾額，被認為是無上榮耀。廟方同時也在池上地區購置十五甲田產。一九三〇年原天后宮因強烈地震引起龜裂，乃遷建於吳錦麟捐出的現今一千六百坪土地上。

▲台東天后宮的光緒帝賜匾。
▼清軍營址現況。

新建工程歷時三年，經費日幣四萬元，都是向全台各地信徒勸募，一九三三年落成，奠定天后宮的基礎，此後香火鼎盛，信徒遍及全台。

日治時期，日警召集地方士紳在媽祖廟開會，主張廢除台東所有寺廟，改信奉日本神社。該政策足以改變台東民眾信仰歷史的記錄。

前台東縣長吳金玉《九十自述》一書中曾提及他在會中堅持如一定要廢廟，至

▲天后宮1933年遷建落成時的原貌。
▼靈泉井刻石。

少要保留媽祖廟與海山寺，因為這兩座寺廟是台東民眾信仰中心。

為了怕日本政府的廢廟付諸行動，媽祖神像也暫由善心人士迎回家避難；直到一九四四年，盟軍開始對日本佔領的台灣實施大規模空襲，第二年三月及五月更出動一百五十架次轟炸機，把台東街道炸得滿目瘡痍，災情慘重。

在一片斷垣殘壁中，天后宮媽祖廟居然屹立不墜，僅牆壁上留下一些碎片，彈孔而已。這個「奇蹟」讓老一輩市民嘖嘖稱奇，十分感佩媽祖的神力。

天后宮在戰後重修一次，一九四八年完工，一九四九年國民政府遷台，為了安養傷兵，借廟廂房設置「國軍臨時教養院」。

一九七六年成立台東天后宮管理委員會，並於三年後由委員會發起募捐，得二百餘萬元，在台東市勝利街廿四巷興建民房，安置廟中暫住之十八戶榮民。隨後再應用「廟產」及樂捐款項興建現有的牌樓、康樂台、鐘樓等，整個規模完備。

天后宮與一般媽祖廟不同之處，它同時供奉「昭忠祠」，及文武將軍神像各一，文將軍為台東首任及任職最久的同知——袁聞柝，後者是紀念「大庄事件」奮守孤營，並祈求媽祖顯聖的提督張兆連。至於「昭忠祠」則是袁聞柝為紀念開發「後山」死難的先賢烈士所設。

這兩項供祀證明，媽祖廟與台東的開發史脈脈相連，無法分離的事實。而當時祈求媽祖所挖的井，曾經在事後（光緒十七年）勒碑石在旁，題名「靈泉井」，該碑石日前台銀在整地時險些被不知情的工人以三輪車載走丟棄，所幸經縣府得知後緊急將這塊極富紀念價值的碑石搶救下來，並安置陳列於縣立文化中心大廳。

媽祖落難記

▲ 落難媽祖金身。

最早進駐後山的媽祖，一九九四年正逢一百山週年，位於成功鎮小港地區的媽祖神像，歷經曲折與平埔族、原住民、日本人不同方式的排斥後，一度逃難到北部，最後終於回到她鍾愛的地方落腳生根，庇佑眾生，香火鼎盛。連平埔族、原住民也信奉如儀。

清同治十年（一八七一），一位名叫劉進來的福建籍人士，由鹿港到後山任職「通事」，他所管轄區域約在今天台東縣成功鎮至長濱鄉樟原村，由於路途艱辛，必須翻山越嶺橫越中央山脈人煙罕至的叢山峻嶺，同時後山昔日被列爲「蠻荒」未開發區域，劉進來心中著實畏懼萬分，臨行前，他請了「媽祖」隨身護行。

劉進來行走的路線是八通關古道，由埔里到花蓮縣玉里、出安通，然後再越過海岸山脈，走在當時被稱作「成廣澳路」的小徑抵長濱鄉南竹湖。

媽祖金身暫時安置於南竹湖後，遭到當地阿美族人的抗議，認爲與當地族人信仰有所衝突，主張請出轄區外，劉進來左右兩難，所幸一位平埔族婦女「陳珠」主動出面調解，表示由於媽祖像的威力僅在其附近，且已經以石頭壓住，好不容易才化解其中的紛爭。

陳珠隨後成爲劉進來的髮妻，兩人生下一女名叫「劉金春」，兩年後，劉進來

正式在小港——當地人稱「成廣澳」的官舍居住，媽祖也首度移到成廣澳街道後方水田上，再遷至現址興建廟宇。

比較起一般廟宇建築，成廣澳天后宮有一個特色，屋頂斗拱的承載樑柱，並未使用木釘來釘牢，反而以堆疊方式以負重力，可惜翻修後的斗拱部分已經成爲水泥柱，今日已無法窺見。

另外斗拱上的圖案，據說因爲請不到西部師傅來主持描繪，所有的圖案皆是當地原住民代筆，果眞如是，也創下了原住民參與廟宇建築的創舉。

由於人手不足，廟方確實曾請了幾位居住在成功鎮基翬的平埔族人來協助彩繪施工，原住民手藝也融入漢族人的信仰中心「天后宮」來，殊爲難得。

成廣澳媽祖廟（即「天后宮」）建立於一八七四年，迄一九九四年正好一百廿週年，廟方於媽祖誕辰還擴大舉行紀念法會，場面壯觀，但是在這長遠的日子中，此尊媽祖金身歷經不少劫難，還曾一度到基隆避難。

日治時期由於信仰不同，日人對台灣廟宇採取「廢廟」的手段：當地人記得許多神像都被請到海邊燒毀，成廣澳天后宮的媽祖像也難逃噩運。但是靠出海捕魚維生的漁民十分感念媽祖平日的庇佑，遂連夜護送媽祖金身從海上避難到基隆海邊的一座石洞內（一說爲小港溫家後代帶到台北供奉避難）。

日本人同時對天后宮採取了改造的方式，比如拆除屋頂開後窗、後門，前門也經修飾，變成一處三不像的民眾聚會所，平日要宣導政令或召開會議就在廟內舉行。

媽祖金身落難的這段歷史，在東縣教育界服務的鍾國慶校長，花了一番苦心追本溯源，瞭解到天后宮的滄桑歷史和他們自己家族的傳承息息相關，雖然過程曲折、複雜，卻別具意義。

鍾國慶說：「開山祖」劉進來的獨生女劉金春以招贅方式先後與王傳興、謝阿憨結婚，但未生一男半女，他們收養了兩女名「劉千金」、「劉罔花」。劉千金生了兩個男丁，其中一位過繼給劉家承傳血源，名叫「劉進財」，他讀到台南師範畢業，是位傑出人才。

而鍾國慶的母親是賣給劉家當童養媳，將來準備與劉進財成婚，鍾國慶提到：劉進財早逝，這段婚姻沒有結成。但是鍾母心地仁厚，再度繼承劉家的家族傳承改了劉姓，隨後再與屏東萬巒移居過來的鍾父，以「半招贅」方式結爲連理。

基於上述這段歷史，鍾國慶一直十分堅持所謂「家族傳承」的淵源，也因此迄今在他家裡同時供奉著劉、鍾兩姓的祖宗牌位，歲時不忘祭拜。

鍾家與天后宮有深厚的淵源，鍾父還擔任過長時間的天后宮負責人，鍾國慶常聽父親提及「落難媽祖」的往事。他表示：戰後成廣澳天后宮信徒計畫到基隆請

▲成廣澳天后宮平埔人的彩繪。

回媽祖金身，卻發生一件意想不到的事。

在基隆石洞中避難的媽祖神像居然不只一尊，使得專程前去接駕的成功居民摸不著頭緒，究竟何者才是成廣澳的媽祖？

居民們「擲杯」請示媽祖，並沒有答案，夜晚他們睡在當地，結果媽祖顯靈託夢給他們，指示面頰上有一棵黑痣的即是成廣澳的媽祖正身。

信徒們隔天仔細觀看每一尊媽祖金身，看到其中一尊臉上有黑點，走進一看竟是一隻蒼蠅停在上面，信徒們認定這是媽祖的意思，經「擲杯」請示無誤，才請回媽祖金身。

重回成廣澳的媽祖，據說十分靈驗，法力無邊，信仰的居民遍佈各地，一時之間成廣澳天后宮的威名響徹東台灣，歷久不衰。

一九四九年十月，成廣澳發生火災，延燒到天后宮來，將廟宇茅草屋頂燒掉，地方於是發起重修天后宮的活動，一九五〇年整個翻修成水泥朱瓦，燕尾式屋脊的廟宇建築，在東海岸公路上十分耀眼。

▲ 成廣澳天后宮。

【開闢後山舊例馳禁碑】

後山地區開發是晚近百二十餘年的事情，許多文物卻早已喪失不復見，相關碑文史載尤其罕見，甚至淪落四處，珍貴的「開闢後山舊例馳禁碑」，就是流落於鹿谷鄉的一座福德廟外壁。

該塊「開闢後山舊例馳禁碑」原長一百三十四公分、寬五十九公分，爲砂岩材質，目前放置於南投縣鹿谷鄉鹿谷村中正路一五八號的「福德廟」右側外壁。

碑文上記載「福建台灣全島自隸屬版圖以來，因後山各番習俗宜異，曾禁內地人民渡台及私入番境，以杜滋生事端。現經規制，自宜因時變通。所有從前不准人民渡台各例禁，著悉與開除；其販買鐵、竹兩項，並著一律弛禁，以廣招徠……台地所產大小竹竿及打造農器等項生熟鐵斤，均聽民間販運。其內山所產藤條，並由本司道通行開禁，將籐行裁革。如所轄

文武、汛口員弁、兵役及通事、匠首人等
仍有藉端扣留勒索情事,官則撤參,兵役、
通事、匠首即立提究辦,決不姑寬……」。
碑上記載年代爲光緒元年,即西元一八七
五年,該年正是後山「封山令」解除,大
量移民正式進入移墾,對後山歷史而言極
具意義,如此重要的歷史文物竟然落於外
地無人加以重視。

　　台東中學歷史教師趙川明指出:「開
闢後山舊例馳禁碑」在鹿谷發現,應該是
基於地緣關係,當一八七四年牡丹社事件
後,清廷設卑南廳,同時南、北、中三路
鑿山開路,經理後山,而通往後山的中道
即八通關古道,這塊石碑應該是立於隘口
的告示。不過在後山開發過程中史籍文物
不多,該塊碑石對缺少歷史文物佐證的台
東來說,相當珍貴,值得好好保存。

▲ 洛難媽祖。

後山的嘉年華會

▲ 嘉年華會人潮蜂湧。

　　後山每年最大的盛會，也是漢族在這塊土地上活動最特殊的民俗聚會，即元宵節的寺廟民俗遊境表演。今天，它已經成為象徵台東「族群融合」的民間自發性活動。

　　春節過後，屬於台東人最大的盛會才剛要開始，它把春節的氣息帶到最高潮，許多人心中也認為元宵節的寺廟民俗遊境結束，春節才真正過完。

　　這項台東縣寺廟民俗遊境，集合了境內重要的寺廟、陣頭、花車藝閣，沿著台東市區街道繞行，白天隊伍繞到市郊的知本、富岡、太平等地，夜晚則穿梭於大街小巷中，接受商家、居民的香案迎接膜拜，燃放大量鞭炮給神轎祈求財源興旺、闔家平安。

　　遊行隊伍經過時，幾乎家家戶戶點燃爆竹、煙火，此起彼落的火樹銀花、呼嘯而過的蜂炮和四竄的煙火，構成了一幅極美的夜空圖案。

　　尤其是「寒單爺」經過的地方，可以用萬人空巷來形容，瘋狂炸射的鞭炮與震耳欲聾的聲響，濃重薰人不見天日的煙霧，讓人分不清置身何處，觀眾則酣醉在一片茫茫無意識的震撼情境裡。

　　民俗隊伍裡，八家將、什家將、乩童、宋江陣、舞獅、舞龍、七爺、八爺，配合電動花車、花童扮演乘坐的藝閣、踩高蹺，

【寒單爺】

「寒單爺」像是元宵繞境活動隊伍當中的奇葩,他身穿紅短褲,頭戴紅方巾,站在四人抬起的籐椅上躍動全場,在砲聲隆隆、硝煙瀰漫的街道中時隱時現。

炸寒單的鞭炮主要是以事先準備好的「竹竿炮」,將整串連炮綁在竹竿上,由人高舉到「肉身寒單」身上燃放,另外就是隨時點燃的鞭炮,而「肉身寒單」僅憑著手上的一串榕樹葉遮護。常常一場下來,肉身寒單身上皮開肉綻。

台東的「寒單爺」從何而來?傳說是四十多年前,由西部移民到後山的一位養鴨人家帶進來,他落腳在台東市康樂橋下,在一次颱風雨夜,溪水暴漲,附近人家皆逃到高處避難,養鴨人家也放下自己辛勤建立的家園跟著逃命去,隔天他返回橋下,發現一大片廢墟中,唯獨他家屹立無恙,至此,「寒單爺」的靈驗便迅速在後山地區傳開來。

目前供奉「寒單爺」金身的「玄武

▲ 寒單爺。

堂」堂主李建智說,養鴨人家後來舉家遷回西部,當地的「大豬仔叔」和他的弟兄便將「寒單爺」迎回家輪流由各戶當爐主供奉,每年則謹守約定,在正月十五讓「寒單爺」出來,給信徒或民眾燃放鞭炮,祈求平安。

「寒單爺」以傳奇性方式選擇停留在後山,許多人都在猜測他的來歷,或說是「武財神玄壇元帥趙公明」、或「日之精為張天師護法守玄壇故稱玄壇元帥」……,在地的民眾更喜歡以下的傳說寒單是一位武功高強的惡霸,平時欺凌、魚肉鄉民,讓居民欲除之而後快,一年的元宵,居民們想出一個辦法,請寒單喝元宵春酒;待酒醉時,大家以鞭炮在其身上燃放,活活將之燒死;隨後再加封了「爺」字,稱其為「寒單爺」。

台東鄉親在市井之間也流傳,「寒單爺」其實是一個「流氓神」,每年元宵活動中,一些平時受其「保護」或「欺壓」的商家,趁此機會燃放大量鞭炮洩憤,因此也演變為「放多少鞭炮就要包多少紅包」的習俗;還有人說過去不是道上有名的人物,根本站不上台讓人炸。

無論如何說法,後山的「炸寒單」確實把台灣民間上元節「接財神」、「撞玄壇」的民俗給發揚開來。

後山本土的劇團「台東劇團」曾經做過調查,發現「肉身寒單」有正當職業的居多,包括經商、水電工、服務業等,他們參加「炸寒單」活動,六成以上是緣於「宗教信仰」,另外還有好奇、尋求刺激與自我挑戰等,極少數是為了還願。

台東劇團就曾以其為主題演出過戲劇,比喻寒單爺像先人開發後山時的艱辛、困難,他發揮了勇猛的精神與旺盛的生命力,是非常本土化的象徵意義。

洋洋大觀，充斥在遊行中，像一場「後山的嘉年華會」。

活動是每年舉辦，完全由民間自發性發起、組織、執行。沒有政府機關或團體支援，動員的人力在一千二百人以上，維持的警消超過百位，配合義警維持，如此龐大的盛事推動，背後僅是簡單地「誠心信仰」爲支撐。

元宵寺廟民俗遊境在日治時代前就已經存在於後山地區，目前負責承辦遊行繞境的台東市天后宮副主任委員洪國貞，是看過遊境被日本人停辦之後迄今再度受到重視的老一輩人士之一，他說：這項繞境祈求保平安的活動，可能是更早前開發後山人士，爲了請求神明讓地方安寧而舉辦。但是日治時期於昭和十二（一九三七）年推行「皇民化」運動，主張廢除各廟宇，因此停辦多年。

當時主持天后宮的是「台東三賴」之一的賴金木先生，曾經在昭和十六（一九四一）年被日本人找去詢問，日本人有意廢除台東市的寺廟，代之以日本神社作爲居民的信仰中心。

賴金木認爲廟宇是大家的，要廢除必須徵求大家的意見。同行中尚有前台東縣長吳金玉，他則表示：太平洋戰爭剛開始，最要緊的是安定人心，貿然廢廟必引起民眾反對。

海山寺與天后宮因而被保存下來，逃過劫難。洪國貞說：戰後這項活動重新恢復，最初是由海山寺承辦，但是改爲「慶祝元宵節軍民聯歡遊行大會」，保有過渡時期的色彩，整個組織也以軍方駐軍最高首長擔任名譽會長，台東縣長、黨部主委則任副會長。參加隊伍大約四、五十陣，由軍方的舞龍隊領頭遊境。

一九八一年，由於海山寺認爲遊行隊伍以道教爲主，其他寺廟也反映交給媽祖廟來承辦，因此天后宮便開始接下這份重擔；把組織擴大，設有會長、副會長、總幹事、總指揮，另加上宣傳、總務、設備、接待、獎品、轎班、連絡、督導、康樂等組。

地方增加的各廟群則擴充到五、六十陣，包括：龍陣、獅陣、寒單爺等，至於八家將僅有「忠合宮」一家而已，現在已經拓展到十餘家，除了八家將，什家將等都出來了。

實際執行遊行工作的天后宮總務林寶章表示：軍方於一九九三年後退出遊行，成爲純粹民間的一項活動。天后宮實際主導的地位仍然未改，只是將名稱改爲元宵節寺廟遊境而已。遊行隊伍因爲機動車輛增加，分別往台東市郊區拓展，一度包括了知本、富岡、太平、初鹿等地。

林寶章說：每一次遊行大概要花上一、二百萬的經費，涵蓋制服、餐費、轎班。近年來則要從外聘請花車和表演隊伍如踩高蹺等，光是這兩項以一九九六年爲例就用了二、三十萬。

媽祖廟接下遊境的籌備工作既要花錢又要出力，遊行工作人員及維持秩序的警方和義警消的便當餐費，及寺廟獎品皆由媽祖廟提供，這些經費來源來自信徒的自由樂捐。

但是市區遊行往往因爲表演而脫隊，使得隊伍拉得冗長，每年都爲了相同事情傷透腦筋，抗議的電話聲不斷。

整個隊伍遊境結束，最後是「入廟」參拜，所有寺廟遊行隊伍都會回到天后宮參拜，並有競技式的表演，天后宮則準備獎品犒賞，至於優勝隊伍的評分，往往是取決於隊伍人數的多寡，鼓勵性質居多。整個活動結束，一般都在農曆十六日夜晚

【報馬爺】

在後山最大的盛會——元宵節寺廟神輿陣頭遊境的活動中，「報馬爺」是隊伍的先鋒，引導大小車輛隊伍遊行在台東市區各大街小巷。

這位裝扮奇特的「報馬爺」戴著黑框眼鏡，留著小八字鬍，身穿唐布衣褲，內夾黃袍，頭戴斗笠，肩披掛布，並且扛了一柄油紙傘，上端吊著豬腿韭菜，手上提著銅鑼與葫蘆，嘴上銜著煙斗。

「報馬爺」這身打扮除了奇特外，還有一些「怪異」，右脚褲管捲起，小腿上還貼了一張膏藥布，一面行走一面敲打著銅鑼，告訴街道兩旁的居民、商家，遊行隊伍已經到了。

「報馬爺」是一九九○年代後才出現在游行隊伍中的，以往後山的元宵盛會並沒有「報馬爺」角色，純粹由後山地區寺廟的「龍頭老大」——天后宮前導車開路。

擔任「報馬爺」的人物名叫「陳清涼」，現年七十二歲（一九九六年），他擔綱該項工作已經卅多年中，只不過是出現在台灣西部「大甲媽祖」參拜活動。在後山還得歸功於天后宮的提攜，他任天后宮管理委員會的委員，長達十四年，委員會認為自己身邊有一位傳承民俗的人物，不好好運用十分可惜，在不需他求的情況下，請陳清涼為盛會開路做先鋒，他也高興地接下任務。

陳清涼雖然高齡，但是神采奕奕，走起路來精神十足，絲毫不見疲態，他說：後山元宵遊行才兩天，大甲媽祖的活動要八天，他都不嫌累了。

至於身上的「行頭」，每一件都有其

涵意，捲褲管、小腿肚貼膏藥是八仙中「李鐵柺」的化身，有先鋒官的頭銜。肩上扛的油紙傘是一種保護傘，保佑闔家平安。而上頭掛的豬腿是給老人家添福添壽用，韭菜是大發利市。

手上拿的煙斗是專門為老年人治脖子酸痛、腰酸背痛及改運的物品，另外寶葫蘆內裝高粱酒，賜給大家喝了平安。

過後，十七日凌晨或十七日凌晨一、二點都有過。

近年來後山地區的平地原住民，尤其是阿美族與卑南族信奉道教的人數增多，其寺廟也經常參加元宵繞境活動；由原住民擔任的隊伍，活力充沛。林寶章說：原住民寺廟一般經費較缺乏，但是比較守規矩。其遊行隊伍也不含糊。像「抬神轎」的原住民，踩的「七星步」就很標準。但是「挑籃仔」的原住民婦女腳步就十分「現代化」，融合進去了她們的舞蹈韻味，不同於漢人。

而這些平地原住民的加入，便得這項元宵節的寺廟民俗遊境表演成為象徵台東「族群融合」的民間自發性活動。

名人傳奇

後山人樸實的外貌之下，

其實有著一股勇猛堅毅的精神，

以及無窮的刻苦耐勞宿命性格，

驅使他們不斷地與山海搏鬥。

阿美族英雄——卡夫渥

▲卡夫渥越過的溪流（今水母汀溪）。

　　東海岸的阿美族人曾經在清末時期與清兵發生血戰，阿美族人心目中的英雄——「卡夫渥」戰死沙場，同時犧牲了「一年齡級」的青年，創下阿美族的悲壯史頁。

　　清同治十三（一八七四）年，清廷正式於後山設置卑南廳，開放移民移墾，後山大門從此敞開。漢族大量進入這一塊原住民世居地。清廷掌控勢力也由南向北拓展。

　　光緒三（一八七七）年左右，清廷派「塔那亞海」（林東涯）到「及布」（現今花蓮縣大港口）擔任通事。「及布」在當時是阿美族人的大本營。居民們以靠海邊捕魚及上山打獵、採取野生果子維生，生活辛苦。

　　「塔那亞海」不因為族人的艱苦而施以憐憫，反而經常向族人予取予求，欺壓居民，阿美族人心裡十分氣憤，種下報復的因素。

　　有一次「塔那亞海」要到「沙魯克」（花蓮縣東里）去，要阿美族青年輪流為他抬轎子，沿著秀姑巒溪河床前進。

　　負責領導抬轎的年輕人名叫「卡夫渥」，當隊伍進入山區後，他發現機不可失，臨時起意，將「塔那亞海」當場殺死並加以分屍，消除族人長期來心頭之恨。

　　「卡夫渥」發動了暗殺行動，並且領

導阿美族青年與清兵浴血奮戰，他憑藉著一股勇氣與膽識，這股力量來自天分與長期鍛鍊。

出生於長濱，曾擔任縣議員的嚴春雄，從小就聽到許多「卡夫渥」的故事。他曾經聽「長光」部落的頭目「入卡斯法愛」談過「卡夫渥」的英勇事蹟：

「卡夫渥」是「及布」部落人，從小體格強壯，且富領導能力，他在與同年齡同伴放牛時玩捉迷藏，一方扮山豬，一方則扮獵狗，「卡夫渥」當山豬，獵狗追不到，「卡夫渥」若當獵狗，則把所有的山豬追得無處可逃。另外和同伴抓魚比賽，他一下子就抓滿了魚簍，同伴們只有望魚興嘆。

「卡夫渥」流傳在族人心中最特別的是，有一次「及布」部落有人過世，「馬亞賓」頭目欲派人通知遠在二、三十公里以外的「沙魯克」（東里）部落的親人，「卡夫渥」被委以重任，他一副不在意模樣，仍舊坐在樹上吹竹口琴，待族人煮了一鍋「哈旱」（粿食），他跳下來一口氣將它吃光，然後飛快地跑向目的地。

「馬亞賓」頭目吐了一口痰在石頭上，痰還未乾掉，「卡夫渥」已經來回一趟，跑回部落覆命。俟下午過後「沙魯克」部落族人才陸續趕到「及布」部落。

「卡夫渥」還有一項他人比不上的天生神力，族人曾拿一種類似草藤的堅韌植物——「馬賽」，綁在「卡夫渥」身上，結果他一使勁用力，草藤整個斷裂。

「卡夫渥」力量奇大無比，有一次藉青年人於集會所集合時，把佩刀磨利，提著刀不費吹灰之力，從鄰近的香蕉樹走過，將整排香蕉樹「發溜」——砍斷。

由於擁有如此神力，「卡夫渥」一直是他同年齡級——「拉·搭夫克」年輕人

【清剿阿美族檔案】

根據胡傳《台東州採訪冊》所載，文中所描述稱爲「阿棉納納社叛變」（亦有納納社事件之稱），是發於光緒三（一八七七）年七月的「阿棉納納社」叛變。當時駐紮在「璞石閣」（今玉里鎮）的統領吳光亮與林參戒率「線槍營」進紮大港口鎮壓，在行經「烏鴉石」時，遭到阿美族人埋伏擊襲，退守至「彭仔存」（今長濱鄉城山）。

吳光亮見情勢危急，立即飛快向前山請求增兵援助，當時清廷發現後山各社民情不穩，恐事態擴大，乃決定海陸支援，派台北孫開華率「擢勝二營」由海上東來、台南沈茂勝率「鎮海左營」，另周懋琦率「開花砲隊」從恒春越過中央山脈馳援。

直到十一月，孫開華軍隊抵達成廣澳（今成功鎮），而沈、周陸上重兵未到，林參戒再度以「線槍營」結合吳世貴的「飛虎軍」右翼，以羅魁爲先鋒向納納社征討，但在「田寮」大敗，羅魁不幸戰死。

十二月，海陸援軍到齊，吳光亮與孫開華親率大軍，南路同知袁聞柝也調集中路各社「熟番」合力進剿，終於平定，總計該事件發生前後歷經近半年。

的領袖，也正是他發動該年齡層的族人共同對抗前來鎮壓的清軍。

清廷在「塔那亞海」失去踪影後，隨即派人沿線查尋，同時自卑南廳派兵前來支援，老頭目「入卡斯法愛」形容當時清兵「沙岡勞」（意指密密麻麻的人群）。

「卡夫渥」料知清兵會前來攻打，在「乍未」（今靜埔）山丘（即活動中心旁）後面佈置重砲與阿美族兵力。「入卡斯法愛」解釋阿美族人早先擁有兩門大砲，是當年荷蘭人在東部採金後所遺留下來的武器。

「卡夫渥」待清兵進入埋伏地點，立刻從後面包抄，先以大砲對付清兵的火槍，然後舉佩刀攻擊，清軍中伏，加上「卡夫渥」勇猛殺敵，嚇得回頭逃竄。

部分清兵退至「布魯特」（今長濱鄉大峰村）時，一條小溪橫在眼前，「卡夫渥」沒有半點猶豫一躍而過，把清兵嚇得目瞪口呆。

阿美族乘勝追擊，一直趕到「夫拉拉塞」（今美山），與清軍大本營正面再起衝突，清兵仍被「卡夫渥」與阿美族人殺得潰散。

「卡夫渥」將大隊人馬擊退，並且緊追著散兵不放，他憑著速度追上騎馬的清兵，正待一刀將其砍下，不料對方扣引火槍，「卡夫渥」從快速的追擊下中槍跌落，不幸當場死亡。

該名清兵則被隨後追上支援「卡夫渥」朋友「谷末斯」所殺，但是阿美族人在失去「卡夫渥」後形同戰敗，族人已無心戀戰。

反之，清廷在軍隊受挫後，加強增援兵力，為了一勞永逸，清軍採取表面佯裝「和談」，背地裡卻加緊防禦工事，在「乍未」山丘興築碉堡，清軍還請「馬亞賓」

頭目召集阿美族部落青年擔任搬運工人，將「夫拉拉塞」的物品與建材搬送到靜埔來。而每位青年在工作結束後，獲贈一碗米以示酬謝。

嚴春雄回憶說：老頭目「入卡斯法愛」告訴他，清軍生聚教訓足足三年，終於恢復了元氣，同時認為「雪恥」的時機來到，一次特別召集年輕族人工作時，故意邀請大家喝酒言歡，在酒酣耳熱之際，設法引導族人走到事先準備好的大土坑外圍，然後用火槍射殺，就算不被射傷掉入坑內，也活活被坑底的竹刺刺死。整個「拉·搭夫克」年齡層的族人幾乎無一倖免。

僅有一名叫「卡造頓」的年輕人正好夾在中間，既沒被射殺也未被竹刺刺死，他忍受著身上的傷痛，以晝伏夜出方式，游泳渡過秀姑巒溪，躲過清軍的耳目，逃至「奇拉崗山」（今豐濱附近），告訴族人整個事件經過，但「卡造頓」因為傷重，也在一星期後身亡。

經過這次事件後，「乍未」（靜埔）的阿美族人逃離至他處，整個部落成為空

▲ 阿美族狩獵情形。（王河盛提供）

城。僅留下清軍固守碉堡，同時將地名改稱「納納」。

日治期間，對岸的「馬克塔」社阿美族人，渡過秀姑巒溪重回到昔日部落居住，同時拆除清軍的碉堡遺址，興建住屋，部落始恢復往日情景。

一九三七年，日本人再將「乍未」改爲「靜埔」，該名稱沿用迄今。

【平埔族人與納納社事件】

光緒三（一八七七）年，東海岸發生「納納」社事件，清兵與阿美族人激戰潰敗，後經徵調大庄、加走灣平埔族人協助加入戰役，才平定了該場戰事，加走灣的平埔族人因此受到清廷特別頒授獎金表彰其英勇事蹟。

最早進入後山的平埔族人是於清道光年間（一八二一～一八五〇年），由族長杜四孟率領族人前來台東開墾；一八五一年來自萬金的西拉雅平埔族人越過中央山脈至寶桑（台東），停留期間時與當地卑南族人發生衝突，乃分兩路北上找尋安身立命之地，其中沿卑南溪至大庄（富里）另外則渡過卑南溪至成功、長濱一帶建立「成廣澳平埔八社」，這是東海岸最早有平埔族人足跡的記錄。

一八七一年，花東縱谷水災，部分的大庄平埔族人越過海岸山脈進入東海岸與「平埔八社」族人混居，一八七四年，另一批赤山萬金平埔族人搭船從海上於成廣澳登陸，兩年後有七、八戶遷入「加走灣頭」耕作。平埔族人在當地建立了「最後的家園」。

平埔族人在「加走灣」開墾起先也並不順利，和當地阿美族人經常起衝突，平埔族人以火槍對抗阿美族人，雙方互有傷亡。

居住在「加走灣」的平埔耆宿潘森林指出：光緒年間其祖父潘阿和與潘石隆、潘德正等人帶領親人到「加走灣」開墾，與當地阿美族人發生衝突，由於有「火龍槍」助陣，阿美族人也無法擊退平埔族

人。

最後，大家為了要和平共存，化解族群之間的紛爭，才由耆老邀各社頭目，一起登上「龜山崙」談和，並且在山頂上共同喝血酒，立盟刻石為證。再將石碑埋在崙頂的大樹下。

從此平埔族人與阿美族人約定除非石碑爛掉，不再打仗衝突。潘森林說：從那以後，平埔族人與阿美族人，沒有再發生大的衝突事件。

不過，大港口「納納」社事件發生後，平埔人被清廷徵召，再度與阿美人正面交戰，清軍也因為平埔族人加入英勇作戰，才能平定，史稱「納納社」事件。

潘森林其父親潘萬興曾提及當時情形：清朝在後山沒有大武力，而且清兵每個都吃鴉片，還沒打仗就猛打哈欠。因此在「納納」社與阿美族人打仗，打了很久都攻不進去。

後來清兵徵召平埔族人協助打仗，族人憑著當年翻山過嶺到後山的勇猛精神，由潘石隆與潘阿和等人帶領平埔人衝鋒陷陣，並且用「火龍槍」打退了阿美族人。

潘石隆還畫符咒請了「五大營」神兵神將來支持，納納社的阿美族人當場被突如其來的大隊人馬嚇住。最後只得降服。

潘森林說，平埔族人無端被捲入「納納社事件」，幸好打勝仗，其親人也未在戰場上被打死，實在是不幸中的大幸，開墾的土地才不致被掠奪。（感謝趙川明、林勝賢協助）

阿美族「巨人」——馬漢罕

▲馬漢罕後人掃墓。（高淑娟提供）
▼馬漢罕。

　　阿美族的民族英雄叫「郭拉斯·馬漢罕」，族人尊稱他為「阿美族之父」，在世時武功威儀所向披靡，連日本人都敬畏三分。每年清明節，「郭家」子孫都會為一代英雄聚集掃墓，地方棒壇還曾經舉辦過三屆的「馬漢罕盃」棒球賽紀念他。

　　「馬漢罕」生於一八五二年，自幼身材魁梧，族人稱他為「巨人」，武功智慧與道德勇氣兼備，尤其擅長為族人排解紛爭，十分獲得族人愛戴。

　　「馬漢罕」卅五歲接掌人頭目後，當時的卑南族勢力強盛，凌越其他族群之上，「馬漢罕」為了使族人安心耕作，先將原居在「那拉支蘭」（現今縣立體育場附近）的部落遷徙到今天馬蘭地區，平日嚴格要求年輕族人勤練戰鬥技能，並且利用鯉魚山及貓山作為天然屏障，還設置了七個集會所、三道壕溝、四架瞭望台。對外則與其他族群建立友好關係，使馬蘭部落的勢力迅速竄起。

　　阿美族的音樂學者林信來曾經從長老口中蒐集了部份「馬漢罕」事蹟。他指出：阿美族人靠海維生，專精捕魚技術；卑南族人常常仗勢抽取族人漁獲，阿美人敢怒不敢言，只得想辦法躲開卑南族人的騷擾，要婦女上山採地瓜葉，然後蓋住魚簍，才能免於被強取的命運。

　　「馬漢罕」看在眼裡，心裡相當難

過,立誓要擊退卑南族人,因此領導族人
對卑南族展開長期抗戰,經過六年戰爭,
終於擊退了卑南族人;同時受到清廷的冊
封,管理後山的阿美族人。

「馬漢罕」領導族人總計二十四年,
他沒有子嗣,從其姐姐子女中過繼兩名女
兒繼承香火,第三代是台東地方棒壇聞人
「郭光也」,他早年出身於嘉義農校棒球
隊,一九五○年曾代表我國赴菲律賓訪問
比賽,終其一生未離開過棒球場。

郭光也有記事的習慣,將小時候聽了
不少長輩談「馬漢罕」的事蹟,隨手記錄
下來,沒想到這些片斷居然是後世族人認
識「馬漢罕」的最珍貴來源。

郭光也的兒子郭子雄目前擔任國立台
東體育實驗中學棒球隊教練,受到父親影
響,一家三代都熱愛棒球,在郭子雄的妻
子高淑娟協助下,「馬漢罕」的重要功蹟
也得以清楚呈現出來。

一八九六年間,日軍進入後山,「馬
漢罕」眼見日軍武器精良,非族人傳統武
器所能抗衡,乃主動與日軍談判,約法三
章,不可玷辱婦孺、征收農作物及侵佔土
地。因此馬蘭部落一帶沒有發生過糾紛與
案件。

一九○九年,位於花蓮縣境的「吉卡
索安」(現今吉安地區)阿美族人不滿日
本實施高壓政策,以低廉工資壓榨原住民
勞力、並限制其行動,於是演變成集體抗
暴事件;阿美族青年襲擊花蓮、瑞穗間之
各派出所,日本政府隨後派軍鎮壓,將青
年逮捕並施以酷刑,「馬漢罕」積極奔
走,才安全地救出阿美族青年。一九一一
年,日本強制徵收原住民穀糧與義務勞
動,引起「都歷」、「八翁翁」、「嘉
平」、「成功」、「白守蓮」等部落的群
體反抗,並殺害三名日警,史稱「馬勞勞」

(成廣澳)事件。

日人於事件發生後派遣軍警與阿美族
人作戰,族人雖在都歷、白守蓮等地設壕
溝防禦工事,且聯絡東海岸各部落阿美族
人奮勇抵抗,南北夾擊,但終究寡不敵衆,
犧牲了不少族人。

「馬漢罕」此時已屆六十歲,且臥病
在床,當他聽到該項消息,不顧身體虛弱,
一心只想到救自己同胞,乃毅然決然冒著
炎夏八月天,由四名族人一組輪流抬著擔
架,趕了六十公里的長途艱辛旅程,到當
地爲族人與日本人調停。

由於「馬漢罕」的出面,日本人尊重
其威名與公正不阿的作風,終將一個棘手
的事件,圓滿解決。不過「馬漢罕」在處
理完「馬勞勞」事件返回馬蘭部落後的一
個月便身亡。

在郭光也的記事中,「馬漢罕」還解
決了「班鳩會議」、「和平新村與桃源村
之間的阿美族移民池上事件」等等,小至
土地糾紛、爭奪牛隻,他都一一化解。因
此「馬漢罕」當年每到一部落,族人都會
殺牛招待,足見對他之尊敬與歡迎。

「馬漢罕」逝世的七十六年後,郭家
以最摯愛的棒球比賽來紀念他,一九八七
年八月,假卑南國中球場舉辦一連三天的
賽程,共有來自全縣十二支球隊與會,盛
況空前,同時一連舉辦三屆,將東部原住
民熱衷棒球的風氣傳承下來。

一九九四年,郭家重新翻修「馬漢
罕」的墓園,把它建造爲一座有漢、原及
日式味道的新墳。高淑娟說:郭家也依漢
人習俗進行撿骨,在過程中她特別注意到
「馬漢罕」的小腿骨比一般人確實長了許
多,可以印證他高大壯碩的說法,同時也
爲族人稱之「巨大」下了明確註解。

卑南族傑出頭目——馬智禮

▲ 馬智禮年輕時的裝扮。（馬來盛提供）

卑南族近代最傑出的人物首推初鹿部落的馬智禮，他在二次大戰前後擔任卑南族頭目的五十餘年，是卑南族生存蛻變的關鍵，憑著智勇雙全和高瞻遠矚，他不但化解了二二八事件波及東縣的危機，同時在台灣南北奔波，使原住民各族菁英免除涉入一場浩劫，得以永續發展。

馬智禮在後山土地上縱橫，號令北至池上鄉、南達「巴朗衛」——大武，叱咤整個東南半壁江山，成為卑南八社共同的盟主，各族群部落也十分擁戴，連日本人都要敬畏三分。

這麼一個出類拔萃的人物，卻是後山土地蘊育出來道地的「卑南族本土化」的漢人，能夠說一口標準的卑南語與河洛語、日語，同時，後山原住民族群的語言中除了雅美族語外，他都有涉獵，因為精通語言，使他穿梭在各部落時通行無阻，加上龐大的權力與影響力，促成一代豪傑立於不墜之地。

馬智禮本姓朱，四歲時隨著父親朱來盛從故鄉福建避難來台，輾轉到了後山，隱姓埋名在利嘉社，他年少時期分別在利嘉及初鹿部落兩地度過，後來被初鹿社的「魯報」所收養，因為其父親名為「馬利多」，故改姓「馬」。

馬智禮天資聰穎、勤於學習，很快地融入當地卑南族習俗，傳統的「巴拉貫」

勇士訓練，造就馬智禮一身是膽，極受部落長老喜愛，念完公學校及簡易警所結業，二十五歲時入贅給初鹿社「沙瓦灣」頭目的女兒「沙尼奈」，二十八歲後他正式接掌初鹿社。

當年初鹿社與鄰近的延平布農族部落經常爲了獵場爭奪，彼此間互砍人頭，曾經在初鹿社的「白來浪」地點，一個晚上被布農人砍了數十個人頭過，初鹿社族人一直引以爲痛。馬智禮當上頭目後，一面積極展開謀求族群和諧，也不忘生聚教訓隨時準備應戰。

馬智禮身爲頭目，凡事身先士卒，勇猛過人，練就了一套神槍手的本領。從教育界退休的外孫馬來盛形容當時出獵情景，在初鹿後山時發現一片無風的山谷，竟然有飄動的草，仔細一看，得知是群鹿的鹿耳，馬智禮拿起獵槍，一手瞄準，一手扶槍的手指上可以攜握二發子彈，連開三槍，包括子彈退堂時間差，一口氣可以擊中三隻正在跳躍的鹿隻。

馬來盛說，就算在馬智禮八十歲晚年，他還可以和孫子比劃空氣槍，打完一發子彈，上前觀看彈著點，再修正瞄準，每一發子彈都命中靶心，讓他們後生晚輩佩服得五體投地。另外馬智禮一生中獵到十三隻雲豹，這項記錄初鹿社迄今無人打破。

一九三九年，卑南族初鹿社和延平的布農族人終於達成了一項劃世紀的「停戰」協議，雙方互不侵犯領域，結束了長達二百年來的征戰。馬來盛說，布農族在近代史上是一支慓悍無比、令人聞風喪膽的族群，連日本人統治台灣五十年中都花了二十三年的光陰才完全讓布農族人屈服，這當中甚至於動用到「關東軍」，來鎮壓所向無敵的關東軍，卻獨獨對初鹿社

▲ 馬智禮（左）與毛王爺。（馬來盛提供）

無法予取予求，馬智禮領導不容忽視。

戰後初期，馬智禮憑著如日中天的聲望，被國民政府委以重任，任「綏靖委員會」委員接收日軍在台東的「繳械」工作，由於戰爭時期台東的日軍裝備幾乎皆因躲蔽空襲，移到初鹿與鄰近的龍過脈山區，馬智禮與國民政府軍機槍連長向光明的部隊共同接收了日軍裝備，當時日本人在龍過脈山頭下挖空充當軍械庫，藏匿了許多機槍、步槍與子彈裝備等。

馬智禮聰穎機智和先天擁有的領袖特質，在兵荒馬亂的交接時期充分展現，他在向光明帶兵撤離後，為了以防萬一，他要族人「刀磨利、槍擦亮」以便動亂發生時可以保護家鄉，但是卻因此舉讓人向中央檢舉，而與謝雪紅等同列台灣八大寇之一，理由是「擁兵自重」。但是隨後發生的二二八事件，卻證實了他並非大寇，而是處處為族人安危和大局著想的一位出色頭目，自此在政府眼中也成為「擁兵自衛」。

二二八事件是馬智禮一生中最大的挑戰，台東本地青年在縣府廣場集結，包圍縣長公館、車站等地，要求打倒外省人，同時到處風聲鶴唳，縣內外省籍人士四處躲藏。首任官派縣長謝真率縣府、警局官員也避難到卑南鄉。此時馬智禮下令卑南族人不得輕舉妄動，除了準備好武器彈藥外，一方面也派人打探消息。

馬來盛說其祖父體會到戰爭流血的可怕，不願讓卑南族人輕言犧牲，他也了解就算是反抗得逞，往後無可避免的要去面對部隊的壓制，那才是一場浩劫。馬智禮隨即出面和謝真協議，允諾保護縣府官員的生命安全，將一百多位官員先安排在初鹿派出所後方的竹筒仔厝土地上，同時要卑南族勇士輪流戍守防衛；在情況告急

▲ 馬智禮（右）與白崇禧（中）。（馬來盛提供）
▼ 馬智禮手持卑南族的傳統槍枝。（馬來盛提供）

【賴欽承與二二八事件】

二二八事件在台東縣並未傳出有不幸的流血和嚴重的族群衝突案，事件爆發時，由當時官派第一任縣長謝眞率領縣內各機關首長一行避難到初鹿郊區，同時接受卑南族大頭目馬智禮的保護，馬智禮動用原住民精英日夜守衛，並在風聲危急時，連夜撤往紅葉山區，居功厥偉。

不過這場風潮在台東也曾經引起騷動，風聲鶴唳之下，在外省人聚集最多的台東市區，人人自危，已經退休的公務員金谷園表示，他是躲在和式宿舍榻榻米下的昏暗空間三天兩夜才敢出來，街上則處處設路障，傳聞有人搶了車輛到處抓人，整個氣氛面臨一觸即發的驚恐。

當時在縣警察局擔任課員的賴欽承，守著一個人去樓空的辦公室，有四、五位年輕的本省人衝進來，大聲喝令他打開槍櫃，賴欽承堅持不肯，他同時再三安撫年輕人的情緒，勸解他們勿衝動犯下無法彌補的錯誤，他說「要槍沒關係，但是以後會發生事件」。

賴欽承說他當時不知何來一股如此大的勇氣，把四、五名大漢斥退，也因此槍枝沒有流出，總算地方沒有釀成大災難；事過五十年，賴欽承回憶說，東縣之所以沒有發生大衝突，最主要是通訊缺乏，無法與西部地區串聯和聯絡，另外就是沒有地方聞人出面指揮號召。但也因此保住了台東乾淨、美麗的大地。

現年七十九歲（一九九六年）的賴欽承早年留日，目前則隱居在知本山區橘仔園內過著與世無爭的恬淡日子，這些往事

▲ 台東縣警察局的舊景。（高德儀提供）

也隨著時間流逝無蹤；他現在每天與音樂、語文爲伍，在日本他學過工業與飛行，取得二等飛行駕照，也熟悉各種機械，退休後家中的音響多靠自己裝置修護，七十歲時，突然自覺需要學電腦，把過去所學到的知識用電腦記錄儲存下來，提供給一星期上山看一次的子孫參考，此外每天觀看CNN新聞，成了例行公事，天天有忙不完的工作。而長期的山居生活練就一身健壯身體，完全不像一個七、八十歲老人，隱居日子過著十分瀟灑滿足。

※當時在台東警分局服務，後來選縣議員的卑南族人南信彥也曾守住分局槍彈藥庫。而另一位也在警界服務的卑南族人高德儀，則監聽到號召聚眾的電訊，親自到部落阻止勿參與暴動事端。

▶ 賴欽承。

時，還一度漏夜冒雨由族人背著官員家眷疏散到初鹿後山「依納沙拉」的地點（現名爲上里），也就是今延平鄉紅葉山區。

馬智禮一度對外表示，「若要打外省人，必須先過了卑南族這一關」，卑南族的這個動作，讓其他有意冒犯的人不敢造次。而因爲馬智禮的協助，台東縣幸運地並未受到太大的波及。

二二八事件過後，馬智禮還親自到縣警局要求釋放在動亂中被捕的民眾。隨後並接受當時的國防部長白崇禧之邀，來回台灣南北各族群部落間，擔任調停各族與政府軍的溝通橋樑，前後七趟之多，而也就是因爲他努力化解原住民與國民政府軍之間的猜忌，使得戰後國民政府幾乎不費一兵一卒就安定了原住民社會的人心，這與日本政府的不得其門而入相較實有天淵之別。

馬智禮擔任白崇禧的特別「原住民大使」穿梭於西部縣市各族群之相關事蹟，從遺留下來的許多照片、書信中可以獲證實，馬來盛近年來陸續整理出一批批舊照片資料，包括馬智禮和白崇禧的合照、親筆簽名書信等等，和各族群的接觸則留有，包括與日月潭邵族「毛王爺」的握手合照等相當珍貴的資料。

馬來盛說，當年他祖父穿梭於各族群中攜帶的二卡車布四、二麻袋內裝滿的鈔票，沿途發放，回到家時已經一文不剩，最後還自己宰牛宴請大家。據說，政府爲了感謝馬智禮的辛勞，有意提拔他接任謝真之後的第二任官派台東縣長，但遭到馬智禮婉拒，只好特別撥贈位於初鹿後山地段的二百甲土地賜給他，在一九六六年間因爲馬來盛不懂得申請登記，結果全數被收歸國有。

晚年的馬智禮淡出地方政壇，回到他喜愛的龍過脈山區去養老，將心力全部投注在教育外孫馬來盛身上，雖然過去受過其恩的人士一直不斷到其住家拜訪，但是馬智禮寧可選擇平淡，終其一生他並未出任過一官半職。

馬來盛則在與外祖父的相處中，被潛移默化地影響一生，馬智禮在龍過脈所做的一切迄今他仍印象深刻，諸如每天訓練他放學後從初鹿國小跑步回家，冬天時天黑的快，半途仍必須經過墳場，無形中練就了膽量、捉螢火蟲當電燈照明一起讀書、上山狩獵等等，馬來盛說，那是他少年時代最充實的時光和最難忘的經驗。外祖父生性豪邁與認同卑南族文化的言行合一態度，讓他幼小心靈深深折服，他說，外祖父與祖父南志信（前原住民國代）是志趣相投的「親朋好友」，兩人每次碰面喝酒，兩杯下肚便拉開桌椅比劃摔柔道，南志信技高一籌，馬智禮總回以「跑步輸人家，但是打仗跑前面」來自勉，馬來盛常拿來做爲座右銘。

馬來盛退休後也選擇回到龍過脈老家，他開了幾口魚池供人垂釣，另外準備從事馬智禮遺留下來的資料整理，並且針對卑南族文化傳承工作好好規劃；他指著馬智禮栽種過的龍眼、蓮霧果樹說，當年外祖父說過「種下這些果樹，長大後吃到果實就會想到外祖父」，文化工作的播種也正是如此，馬來盛說。

【柯珍令與知本溫泉】

知本溫泉是台灣成名甚早的風景區，溫泉水質與熱度適宜，很獲得中外人士的喜愛，尤以日本人為最，每年專程前來的觀光客眾多。

知本溫泉旅館的開啟，追溯起來，應該也是日本人，老一輩地方人士都知道，日治時代，知本地區最先設立的溫泉旅社叫「紅葉莊」。據說有十來棟木造平房，日本人是最主要的顧客。

在早期卑南族知本部落的族人也曾利用溫泉，不過從以往迄今，通常都是「露天」使用居多，一直到現代，露宿的情形仍然不少。

「紅葉莊」在戰後，交由台東縣政府管理，一度做為貴賓的招待所，包括省主席東來視察，住的就是「紅葉莊」溫泉旅館。

一九五二年左右，較具現代規模的「知本大飯店」才出現，並且取代了「紅葉莊」的位置，把知本溫泉與觀光聯結成一體，成為觀光旅館的前身。

開辦「知本大飯店」的是一位台南縣新化移居後山的柯珍令，他從一介平凡養雞種菜人物，一躍為經營企業的商人，在後山曾經輝煌過一陣子。背後其實有一段「時勢造英雄」的淵源。

改變柯珍令的一生、關鍵在於二二八事件，他在後山躬逢其會，也因為他的奔走溝通，化解了本省人與原住民對外省籍人士的觀念，進而動用「原住民兵力」保衛自己家園，台東縣才得以在二二八風暴中，難得留下一片淨土，無嚴重的波及斲傷。

柯珍令於日治時代在台南先從布匹買賣，因為債務關係來到台東，住在卑南鄉初鹿部落，靠著挑屎、種菜、養雞，賣給當年設在當地的日本陸軍醫院。

由於，柯珍令與日本人關係混得不錯，日軍離開時接收到不少食品、藥品等，同時他擅長人際關係，跟初鹿部落的頭目「柯水」、卑南族的大頭目「馬智禮」都很有交情。

稱柯珍令為「姨丈」的初鹿村民陳彰輝回憶二二八事件發生時，他十六歲，對整個情況過程記憶猶新，他說，整個卑南族部落族人備妥刀槍械器，計畫與台東街上的本省人結合，準備共同對付外省人士。

柯珍令判斷局勢，認為應先守衛自己家園，再靜觀其變為宜，他掛在嘴上的一句流傳俗話「台灣任反不成，任打不平」可做為思考的依據。

馬智禮接受柯珍令的建議，阻止族人到市區去「串聯」，反過來把縣府及各機關的首長官員及眷屬接到初鹿部落去。當時的縣長謝真、警察局長、土銀職員多位外省籍人士都在其中：總共五十多人。

疏散來的這批人，初期安排在初鹿派

▲卑南族早年露天洗溫泉的情景。（陸賢文提供）

出所後的「竹筒仔厝」內，在這片竹園，田野上共有七間「竹筒仔厝」、二間木板屋，統統給他們住，卑南族的青壯族人則拿著槍械沿著外圍站崗守衛。

陳彰輝表示：縣府及機關人員躲在初鹿山區將近一個星期，在後三天情勢逆轉，有情報傳說對方要攻打過來，馬智禮當機立斷，將人員遷往更深山地區的下里部落。

隊伍移動那天，下著雨，卑南族青年輪流背著小孩及食物，從泥濘的土地上，艱辛地疏散到下里派出所躲避危機。

陳彰輝在這段時間充當聯絡信差兼採買，主要係他年紀小，可以避人耳目。常常趁著空檔，大家不注意時下山來買一些日常用品、白米、食物，再偷偷溜回藏匿地點。

靠著機伶與反應敏捷，陳彰輝完成了多項任務，其中還包括有一次搭車到台東街上，找到了土銀高級職員的岳丈，拿回手槍、短刀各一把，另外還有牙刷、毛巾等日常用品，順便也探聽到了最新的狀況。

事件過後，陳彰輝成了英雄人物，在管制期間，他可以自由出入，免費搭乘車船，身份檢查也可免除，為的就是答謝他的勇敢。

柯珍令則更為優渥，獲得了一筆貸款，他首先買下了知本大飯店土地，興建溫泉旅館，縣府也配合築了堤防，知本溫泉的觀光事業正式展開。

至於最早的溫泉浴池，完全是以人工開挖，用鐵器直接敲打出凹池，工程極艱難，不過溫泉的品質相當優良、清潔，盛名歷久不衰。

▲ 知本溫泉現今旅館林立。

橫跨「前後山」的抗日首腦
——劉德杓

▲ 新開園兵營舊址。

一八九六年日軍接管後山，在新開園遭遇到決定性的激戰，清統領劉德杓以殘勇孤軍奮戰，洗刷了清兵慣有積弱不振的形象，為後山留下一頁可泣戰史，同時劉德杓跨越中央山脈在台灣中部繼續對日作戰近三年，是後山軍旅中的第一人。

「新開園」是現今池上鄉錦園村的舊地名，當地位於小山丘上，居高可臨整個大坡池，視野寬闊。在新開園開墾後出生，現年六十六歲（一九九七年）的耆老李耀亨，上一代在新開園街上開了家老商號，年紀與他相仿，有六、七十年歷史。他提及祖父輩說法是清光緒初年，清政府派員從屏東招募閩南人（可能是平埔族血統居多），其中三十人到新開園受資助屯墾，乃定居下來。

縣志記載：一八二九年，位於屏東的西拉雅族人在漢人勢力拓展壓迫下，耕地減少、生活日漸困難，頭目杜四孟於是率領族人費了千辛萬苦，越過中央山脈進入後山土地版圖。

杜四孟到了「卑南王」的土地上，隨即誠意地奉上牛、酒、布匹等當時頗為貴重物品向卑南族交換耕地，企圖找一塊土地能夠安身立命，但是卑南族人仍經常藉

故予以刁難，甚至在飲用水源中放入糞便，因此平埔族人不得已再度長途跋涉，沿卑南溪北上，到了今日花蓮縣玉里、富里一帶建立後山著名的平埔族部落──「大庄」。

一八八一年阿眉溪、清水溪泛濫，一部份族人分別越過海岸山脈到了長濱，另外則南下到「新開園」、「里壠」（關山），同時與當地卑南族人溝通並定居下來生活，開啓了新開園的歷史新頁。

新開園的地理優勢在於，位在花東縱谷線上中途據點，在開發過程中無論在交通或軍事據點上具有獨特性，因而清領或日治時期皆在當地設有兵營營址。

一八九五年，清廷與日本發生「甲午戰爭」，後山官員的薪餉發不出來，大庄官員宋梅芳總理與一名朱姓通事，私自利用「大庄事件」（〈見媽祖義助平定大庄事件〉一文）賠償金名目，強制向居民徵糧收錢，觀音山（今玉里鎮觀音里）平埔族人起而反抗殺了宋、朱兩人。「拔仔庄」屯軍吳協臺與「花蓮港」邱光斗統合兵力征討，從觀音山至新開園，僅大庄、公埔未被夷平，逮獲七名平埔族人加以斬首，族人乃懼而請降，後來因新開園軍營無糧，要求居民「獻銀百兩、獻米千石」，再度遭到平埔族人反抗，包圍軍營一個多月才結束，史稱「觀音山事件」。

李耀亨說，新開園的兵營位置在前往萬安的道路上，整個山坡地面臨大坡池，梯田中間原爲日治時期設置的「區役場」地點，右側爲兵營，左邊則是公學校，一八九六年日軍到後山來接收，部隊就駐在此地。該地點往南可控制鹿野、台東，往北可掌控富里、玉里，甚至花蓮，地理位置相當重要。

日軍先頭接管部隊於明治二十九（一八九六）年四月十五日抵後山，曾經與台東直隸州最後一任州長張振鐸、同分州陳英、同州吏張廷玉等三人進行「談話筆錄」，張振鐸表示，清兵在後山原有二千人，台灣歸日版圖一事可能因交通不便無法衆所知悉，官兵因常吸鴉片，致金錢糧食耗盡，大部分皆離散，僅存二百餘人，集中在新開園的皆爲無賴漢之混合，劉德杓爲其統領（根據胡傳台東日記，曾於光緒二十年〈一八九四〉年六月派劉德杓赴鳳山境內募勇）。張振鐸推測日本政府調集日兵百人即可征服。

張振鐸等指出，台東州轄地直行相距約七日，最好的土地爲新開園，當地爲屯兵屯駐之地，戶口衆多，物產豐富，商家七、八十戶，新開園附近有十五村，小村也有一、二百人，人民皆務農。

▲新開園街上最老的商號。

而對於日軍登陸後的接收步驟，張振鐸也提供行程，第一天鹿寮，第二天抵新開園，第三天璞石閣，第四天拔子庄，第六天可達花蓮口，途中投宿、糧食均無問題，若在地方張貼告示有鎮撫之效。

五月十三日，日軍也針對接收後山並遣送清殘兵一節，由台灣總督府下令「台灣守備混成第三旅團長」派遣步兵一大隊經海路至卑南，任當地守備並處理殘兵，特別從基隆派二艘運輸船往打狗（高雄）運兵再前來台東，沿途則有海軍「大和」號軍艦護航。派遣軍隊除攜帶彈藥外，每一鎗加帶百發彈藥，另備六個月糧食。

至於軍隊除步兵、軍夫外，連同工兵、軍醫、憲兵、民政官吏、兵營建築工、道路、電信技工等，共計有官二十九人、兵士一千五百六十二人。

當先遣日軍北上花蓮，新開園幫統劉德杓聯合了「拔仔庄」、「璞石閣」及新開園所有兵力抵抗，劉德杓以薄弱武力抵擋日軍精良武器的英勇事蹟，在新開園地區傳開後，加上民族存亡的召號，平埔族人紛紛拋棄清軍徵銀徵糧的惡劣印象，參加抗日。

劉德杓將部隊佈署於新開園後方山區，企圖以清廷「流亡孤臣」長期抵抗，未料此時「卑南王」的後代，女頭目「陳達達」率領卑南、阿美聯軍，在「雷公火」（今關山鎮電光）狙擊劉德杓，使他的部隊腹背受敵。

明治二十九（一八八六）年七月十八日，增援的日軍從恒春進入台東，數日後開拔到新開園，對劉德杓部隊進行圍剿，在兩面夾擊下，劉德杓敗走海端山區「綱綢社」躲藏，兵勇死傷慘重，劉德杓隨後在布農族人協助下逃入南投山區鐵國山，日軍一舉攻下新開園，八月三十一日順利

抵花蓮，整個後山淪陷。

劉德杓投靠鐵國山與西部縣市各地義軍串聯，他被公推為「軍師」，六月十四日群雄會師，祭告天地並疾書傳遞南北各地，圍攻南投街至七月三日才解圍。

日軍派遣佐藤大隊攻鐵國山，義軍堅守要隘，無法突破，此時台中守備隊益田中校帶步兵一聯隊入斗六街，進行連續五天大屠殺，範圍廣及五十庄，四千九百餘戶，死者在三萬人。

直到十二月十二日，「太田」率數千軍警直攻鐵國山，二十五日和台中大批援軍聯合作戰，第一、二防線相繼失守，義軍退守深山地區，抗日基地鐵國山終於失守。

劉德杓在台灣的抗日行動到一八九八年一月間，又再度集合抗日軍七、八百人，據大鞍庄與日軍對峙，因當地在斷崖絕壁上，易守難攻，日軍在三月間先後以步兵大、中、小數隊自東、西、北三面圍攻，雙方激戰數日後，義軍因火力不足撤退，此後以游擊戰方式在南投、東勢角等地出沒，讓日軍防不勝防，戰戰兢兢日夜戒備。

一八九九年一月，劉德杓兵敗被日軍擒獲，依「中國殘兵遣返清國」原則遣送中國。總計劉德杓從後山新開園舉兵到南投抗日共兩年八個月，在後山地區無人能出其右者。

池上耆老現年七十三歲（一九九七年）的謝章儀，早年曾經聽父執輩談起駐守新開園的「劉德標」英勇事蹟，鄉人也以「劉將軍」來尊敬他，相較於西部縣市擁有較豐富的資源抗日，劉德杓在後山聚合殘兵之眾猶能和日軍周旋，是一種不願淪為異族統治的勇氣展現。

謝章儀說，日治昭和十五年左右，他念關山高等科時，曾經在老師帶領下到電

光山區去郊遊，還發現過三、四座清朝士
兵留下來的墓碑，上頭刻以繁複的漢字，
在那個時期是很少見的，而當地也就是後
來擔任第三屆台東縣長黃拓榮，在日治時
代曾嘗試種植咖啡豆的地點。

　　李耀亨提到，明治四十三（一九一
〇）年，台東開拓會社興築輕便車道，從
台東到新開園，當時的車站就設在「區役
場」前方的稻田上，現在是小水圳源頭
處。大正十五（一九二六）年花東線鐵路
完成，為了富里和池上間路線拉直，才將
車站移至今天的池上車站，新開園也從此
沒落。

❽參考資料／台灣前期武裝抗日運動有關
　檔案

▼ 新開園的「區役場」現況。

名人傳奇 5

卑南族近代民謠之父
──陸森寶

▲陸森寶在田園工作。（陸賢文提供）

「今年是豐年，鄉裡的水稻將要收割，願以豐收的歌聲報信給前線金馬的親人。」每當聽到這首旋律優美的歌曲，總會在腦海中想起部落那一片正隨風搖曳的稻穗，深深思念故鄉的一切。「美麗的稻穗」以優雅中帶有含蓄傷感的情懷征服了所有身處異鄉的卑南族遊子，如今它是族人懷鄉的代表作。

「美麗的稻穗」作者是卑南族近代民謠之父──陸森寶，當時正逢八二三砲戰，他以身在家鄉卻無限思念遠在前線作戰的家鄉子弟，於是作成詞曲讓村子裡的人藉著歌唱表達對親人的關懷，讓無數卑南族子弟淚灑沙場，直到現在，「美麗的稻穗」仍舊是南王族人最常唱的歌謠之一。

南王部落中男女老少幾乎都有一副天生好歌喉，於四、五〇年代左右，沒有電視機，就連擁有收音機也是極少數，愛唱歌的族人每晚上就到村子裡的活動中心，利用唯一的一支麥克風輪流歌唱，陸森寶便是最受族人歡迎的老師，他不僅生動風趣地教大家唱歌，同時一有新作品，這群媽媽小姐們就是他的發表對象，還教她們演唱，大家充分享受在歡樂愉悅的氣氛

裡。

陸森寶的一生留下了二、三十首膾炙人口的民歌和近三十首天主教詩歌，開創了卑南族古老歌謠的新風格面貌，同時他以生活化的人事物觸發靈感而做的模式，也深深影響到後世族人的音樂創作。

族名「巴里瓦克斯」的陸森寶，生於一九〇九年，在他就讀台東公學校五年級時，父親過世，姊姊「衣耐蘭」以砍柴、賣菜和做農耕生產來供養他讀書，幼年時的陸森寶在「衣耐蘭」的照顧下刻苦耐勞，並且不負姊姊的期望發奮圖強，在十五歲時被保送上了台南師範學校，當時他是該校第一個原住民學生。

陸森寶天生擁有豐富的音樂細胞，他在學校內接觸到鋼琴後如獲至寶，空閒之暇常一頭栽進音樂世界裡勤練不停，他的努力也為自己獲得了全校鋼琴比賽冠軍的榮銜，同時在天皇弟弟至台南訪問時，更代表全校以鋼琴演奏歡迎貴賓的來臨。而當時能在眾多優秀的日本人和台灣漢人中脫穎而出，也是對他琴藝的肯定。

畢業返鄉後的陸森寶先到新港公學校執教，二十九歲時和同部落的陸夏蓮結婚，兩人的年紀相差十一歲，陸夏蓮回憶說，先生和她結婚五十年，從未打過她，個性十分溫和，但就是「不太會作農。」她提到和先生一起在田裡工作時，常發生一種令他無法想像的事，陸森寶常會突然地失去蹤影，躲到香蕉園樹蔭下，取出隨身攜帶的紙筆記錄，同時嘴裡反覆哼唱不停，並沉醉在其中。

陸夏蓮說，起初她十分不諒解，認為作農就應該認真做，怎麼能邊做還分心去想別的事，後來才了解到，他一碰到靈感來了，就必須放下手中工作，隨手在紙上將之寫下來。

回到家中陸森寶還是沒有停止創作，日常生活中只要觸及到旋律，立即記在黑板上，並且反覆思索修改，直到他認為完美為止，在他去世前的最後一首曲子「懷念年祭」就是留在白板上的創作。

在五〇年代陸森寶就是如此陶醉在創作詞曲、教唱的生活裡，他每次一有新作品，便迫不及待地到社區活動中心去教給族人們，以一張大白紙做為簡易教具，上面寫了簡譜，供大家邊看邊學，這種「大字報」的教唱，也成就了不少具有演唱天份的媽媽小姐，日後以南王部落為主體巡迴台灣南北表演的原住民歌舞團，和在國內灌錄不少原住民歌曲的唱片，陸森寶在幕後的付出居功厥偉。

▲陸森寶當年培養出的歌舞團公演報紙海報。(陸賢文提供)

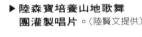

▶陸森寶培養山地歌舞團灌製唱片。（陸賢文提供）

▼陸森寶與南王村媽媽合唱團。（陸賢文提供）

心血。

陸賢文說，他沈浸在父親的音樂世界裡數十年，在他過世後才猛然覺得父親平凡中的偉大，不僅在人格上殷殷告誡子女，要懂得體諒別人，欣賞他人的優點之外，也教導子女不要將世俗名利看得太深。

他分析了父親的音樂風格，認為曲風中自然流露出父親溫文儒雅的風範，比較著名的幾首曲子裡皆能感受到那股優雅中略帶傷感的味道，歌曲內容就如同卑南古詩中的境界那般優美動人。

而在陸森寶流傳下來的數十首歌曲中，比較讓後世爭議的是「我們都是一家人」這首曲子，一般認為它是陸森寶作品中普遍流傳在台灣各地的一首，連李登輝先生在就任民選第一任總統的就職典禮上，此曲也被視為代表原住民歌曲而在大會上演唱，目前國小的音樂課本將之編入教材，已經達到國人耳熟能詳的地步了。

但是近年來卑南族知本部落的族人高子洋卻出面澄清該曲是其於六○年間，為救國團台東縣團委會讓原住民青年彼此認識團結而寫的曲子，沒想到藉著救國團每年舉辦的寒暑期青年自強活動營隊的教唱而廣為流傳出去，成為每人都能上口的歌曲。

陸森寶的民謠歌曲不斷的問世，也廣泛地流傳到各族群部落，甚至於有人私自將之錄成帶子來販售，並且推銷到部落裡來，許多族人發現後都替陸森寶感到不平，認為他應該提出嚴厲的制止，或者是採取維護自己權益的動作。

陸森寶對該現象一直不以為意，他常說大家喜歡唱他就覺得很高興，作曲子就是要帶給大家歡樂的。針對此點陸森寶的小兒子陸賢文，也是八個子女中最有音樂天分的一位，他說，「父親對於名利本來就看得很淡，所以版權問題也無所謂」。難怪陸夏蓮說，他一輩子都「沒錢」。

陸森寶的創作詞曲取材，以生活化為主，他喜歡台東的高山、部落中的祭儀，族人出征、嫁娶或遠行，甚至於為外地遊子懷思，他都一一譜成詞曲，供族人吟唱，一直到今天卑南族部落中的婚喪喜慶或離別送行，族人口中唱的幾乎皆是陸森寶的

陸賢文說，研究他父親的作曲風格，「我們都是一家人」曲風似乎不太像其慣有的表現方式，但是陸森寶已在一九八八年去世，形成永遠無法解開的謎，不過他還是在尊重原創者的智慧，與編寫教科書的國立編譯館討論更改作曲者，僅留下卑南族語原作詞部份。而南王部落族人寧願堅信這是陸森寶的作品，可以看出族人對於陸森寶創作歌曲精神的崇敬和懷念，不曾隨著時間流逝而消失。

【「卑南王」子孫落在尋常百姓家】

卑南族民族音樂之父——陸森寶，曾經作了一首頌讚卑南族南王部落第十八代頭目「卑那來」的民謠，以他治理該族政績卓越，並號令後山七十二社，受到清廷冊封「卑南王」的稱號，後代子孫尚見過清皇帝賜予的「三爪龍袍」，另外還保存有一塊清廷的賞（功）牌。

陸森寶是於一九六四年將西洋民謠改編然後填上詞，作了該首「卑南王」的歌曲，從歌詞的意思上他提及「頗受讚揚的祖公——卑那來教導族人如何農耕和插秧，族人按照他拉直線的方法插秧，直到對面的田埂，這是卑南王慣用的妙法」、「卑南王完成了開往西邊的道路，這全歸功於祖公卑那來」。

在南王部落的卑南族人口傳印象中，簡略地知道「卑那來」這位名震一時的頭目，他是一位頭腦聰穎、反應敏捷的天生領導者，在其年輕時正值清政府實施「封山」政策，禁止漢人往來後山地區，他帶著後山狩獵的熊膽、鹿茸、鹿皮翻山越嶺到屏東水底寮地區，設置交易站，與漢人交換布匹或農作物種子，攜回故鄉種植。

他眼見漢人在山前開墾種稻，作為三餐主食，於是請了漢人攜帶米穀進入後山播種，改變了傳統原住民僅種植小米作物的觀念。同時也引進農具、家禽飼養等，改良卑南族農耕生產技術。

「卑那來」在西部做生意致富，娶了一名漢族女子「陳珠仔」回鄉，由於他的貢獻獲得族人愛戴，推舉他成為南王部落第十八代頭目。「卑那來」也沒有讓族人

失望，他以靈活的經商頭腦和宏觀的眼光。內修外治，勤練兵事，帶領族人擊退強鄰阿美族人，並將其趕至台東海邊一帶，自此卑南八社乃共同推舉他為大頭目，號令南達屏東、北至花蓮等七十二社，各社也會在殺牛時進貢一條腿給頭目。

當時正值清朝廷為了收歸後山一帶各社原住民，賜給「卑那來」一個十分響亮的「卑南王」封號，賞賜了帽靴、衣袍等物，卑那來的聲望達到頂端。

在後山民間也有「卑那來」事蹟傳說，當清廷冊封「卑南王」之後，曾經邀他乘船到中國去參觀，拜見當時的清皇帝，而皇帝龍心大悅，賞賜了「三爪龍袍」給他，有別於大清皇帝的「五爪龍袍」，「卑那來」十分高興，帶著皇帝的賞賜回到台灣，從淡水碼頭上岸，「卑那來」的行「頭」引起宵小側目，在上岸不久後，即被人盯哨，最後搶走隨身的行李，「三爪龍袍」無緣回到後山故鄉。

「卑那來」的後裔第八代傳至當今的陳欽銘、陳欽寶、陳欽貴兄弟，正巧陳欽寶的卑南族名也叫「卑那來」，他記得曾祖母叫「達阿達」（即陳達達，日治資料是卑南王的第五代女兒），曾祖父是西部

▲學生時期的陸森寶。（陸賢文提供）

招贅進來的漢人陳安生，隨後傳至「谷英」（桂英）、「頌魯」，直到他們兄弟。

陳欽寶說，在早年南王部落位於舊卑南鄉公所對面，後來約在一九一四年因為當地發生霍亂，才遷移至現今南王部落現址，以前部落的組成以兩大家族，分別為「巴沙蘭」及「拉阿拉」南北兩支氏族，以往皆由「巴沙蘭」領導，但是「拉阿拉」的族人在清領時期到西部枋寮去學習農耕、犁田及製作牛車等技術，同時還帶回來一項革命性的製造大水桶方法，徹底改變了卑南族人取水的困難，因為往昔以肩背竹桶遠到卑南溪盛水，一次僅能取一些水回來，大水桶使用後，以牛車載運回部落省時又省力、載水又多，簡直是一項天大福音。

「拉阿拉」帶回來的技術也把部落領導權從「巴沙蘭」手中拿回來，陳欽寶說那是用智慧贏取人心的表現，從此卑南王落在「拉阿拉」身上。而卑南王的封號是清廷為了感謝緝拿朱一貴叛變黨羽逃到後山來躲藏的功績特別賜予的名號。

陳欽寶說，清廷確實賜卑南王龍袍一件，印象中顏色依稀是黑色底，胸前一直到腳繡上一條金黃色的大龍，他不記得龍有幾爪。只聽說當年曾經拿出來外面曝晒，清廷官員無意間見到還當場下跪，表示如皇帝親臨般慎重。

日治時期，陳欽寶母親「頌魯」偶而聽到別人談論該件龍袍像做戲的穿的戲服一樣，也聽說像曾經被人調包換掉過，事實詳情如何不得而知，不過卑南族人也將它稱作「龍寶」，有別於傳統服飾上長老所穿的「達谷隆」背心禮袍。

陳欽寶說，該件龍袍在年輕時候看過，但在一九六五年間，因為一場颱風弄濕了，家人將其處理後，就不曾出現。而他母親在過世前也將卑南王流傳下來的物品，平均分配給子女保管，做為傳家之寶，像他留了兩塊清朝賞功牌，在搬家時不慎遺失，弟弟陳欽貴保管的一塊則珍藏下來。

陳欽貴所保存的「賞功牌」上面烙印著「總督部院」的文字和裝飾的花草圖案，呈圓盤狀，為鐵質。

「卑南王」的歷史在《台東縣志》上的記載是清代初期因東部萬山阻隔不便設治，且設界立碑嚴禁漢人進入，若發現明朝遺臣或反叛份子進入，便請卑南「大土官」令其族人協助清剿，康熙三十五（一六九六）年賜「文結」花帽衣袍，每年則以鹿皮、鹿脯，折算銀兩六十八兩七錢做為貢賦。

乾隆五十二（一七八七）年，福康安平定彰化各地抗清義軍後，傳「卑那來」入朝晉見，先到台南府與「水社」各地「大土官」集合習禮，然後上京，乾隆皇帝召見各土官後相當高興，御賜了王袍、黃馬掛、花翎及御宴，可稱是寵幸有加。

而日治時期卑南王所擁有的王袍二領、帽珠一粒、玉環一個，另外閩浙總督及福康安大將軍、欽差大臣沈葆楨所頒發的銀質賞功牌，其中王袍、帽珠被人以替代品調包，因為曾經有人鑑定過，王袍質料絮薄，而帽珠在夜間也無光芒。至於入朝用的「象笏」則在二次大戰盟軍轟炸時，攜入防空洞中躲藏而遺失，其餘的朝珠和陳素仔王妃禮服等珍貴物品，皆因後代四處保管或散佚並未集中管理。（感謝汪智博、陳思琴協助）

◀卑南王後代陳欽貴夫婦。
▶卑南王傳下的「賞功牌」。

南橫山區的布農英雄
——拉馬達信信

▲ 霧鹿峽谷的天險地勢。

　　南橫深山險峻橫亙，茫茫蒼巒疊翠，蘊育出布農族人堅韌不屈的性格與強健體魄。布農族抗日英雄的第一人——「拉馬達信信」，為著他所深愛的土地、族人與日本軍警打游擊仗，整整近廿年，最後長眠於此。

　　「拉馬達信信」領導布農族人從事抗日，從日本人所著的《東台灣展望》中記載，起於一九一三年（大正二年），止於一九三二年（昭和七年）。

　　在布農族語「拉馬達」是對英雄的一種尊稱用語，「信信」則是名字，族人將「拉馬達信信」連貫稱謂，自然是對「信信」十分崇敬，有傲人的英勇事蹟。

　　南橫山區的老一輩布農族人都知曉「拉馬達信信」，他出生於霧鹿部落深山，生性機伶聰穎、體格健壯，在山區峻嶺中如履平地。加上善於製作兵器，如：族人的傳統獵刀、獵具，甚至是土槍等。部落裡的年輕人在狩獵時都喜歡跟隨他，主要是經常可以滿載而歸。

　　「拉馬達信信」擁有一身本領，出沒於南橫，飄忽不定，但是他不吝於將狩獵技巧與製造獵刀、土槍武器的方法傳授給族人，因此深受族人愛戴，同時，也放心

將孩子交給他磨練。

「拉馬達信信」和他的族人喜好自由無拘無束的生活，看不慣日本人欺壓族人的行徑，尤其對採取高壓手段管理部落事務最不能釋懷，心中早就萌生教訓日本人的想法。

一九一一（明治四十四）年，東海岸的阿美族人爆發「馬勞勞」（即成廣澳，現今成功鎮）事件，襲殺日警察案平定後。一九一三年（大正二年），「拉馬達信信」立即發動年輕人突擊新武至初來中途的「逢版」派出所，擊斃兩名日本警官。掀開了布農族與日人對抗序幕。

不過布農族人的游擊戰術十分高明，除了會「聲東擊西」外，為了避免日人發現，概不留活口。凡是被「信信」打探到日人要在南橫出入，一定會事先在中途埋伏突襲，另外得悉族人被日警圍殺，他也會主動前往救援，因此，「拉馬達信信」自然成為族人的英雄與領袖。

當時日本人只要聽到要進入南橫，心裡都十分駭怕，布農族人的攻擊，經常讓他們屍首分家，因而對南橫視若畏途。

一九三二年，「檜谷事件」爆發，日本政府認為不能長期受布農族人宰割，於是強硬徵集布農人沿昔日族人使用的古徑修建關山越嶺警備道，以便調集人馬、槍械上山鎮壓。

但是，「拉馬達信信」在南橫茫茫的山區內，根本無法掌握，日本人遍尋不著，乃想出一條計策，收買了「信信」的近親，要為他們帶路去和「拉馬達信信」當面和談。

族人在威脅利誘下，帶領一隊日本軍警直入山區，到「信信」平日躲藏的木屋；當時「拉馬達信信」正在吃午飯，開門時他警覺有人進入，俟發現是自己族人乃鬆懈警戒心理，沒想到飯正要放入口，日軍警已經衝進屋內，以槍抵住喝令其勿輕舉妄動。

「拉馬達信信」，這位布農英雄就這樣束手就擒，並且從容就義。他大概沒想到最後會敗在自己近親的一次錯失，而讓他抑鬱而終。

「拉馬達信信」去世距今已六、七十年，但是其英勇的事蹟，布農族人沒有忘記；近年來族中知識份子從長老口述裡，追尋昔日「拉馬達信信」的事蹟頗有斬獲，像從事教育工作的胡德慶、胡金娘等人皆很有成績。

胡德慶從文獻上找出布農族人抗日的事例，再配合於族人口述資料及南橫山區的多項遺跡佐證，為這一段歷史留下完整的輪廓。

胡金娘則從長輩口中了解，「拉馬達信信」這位英雄的最後輓歌。她說：「拉馬達信信」被出賣後，日本人將他押到新武呂溪河床上，以沙坑將他活埋致死，其他的十二名家族成員也都被「燒死」和殺害，手段慘不忍睹。

◀南橫險峻的
　山勢。

胡金娘說：布農人打仗是智勇雙全的，他以布農人襲擊新武與初來間的「逢版」派出所爲例，族人以佯裝送紅豆，故意將綁袋子的結打死結，當衛兵低頭察看時，便一刀將頭砍下來，然後族人換上日警服裝，再走進屋內攻擊其他日警。過程完全不含糊，證明布農族人不但有武藝、膽識更高。

而布農族英勇抗日行爲，據居住在鄰近池上的耆老謝章儀提到，其父親在日治時代於池上開設中藥店，布農族人經常到店裡買「硝粉」製造槍彈，以便殺日本人，最後被日警發現還到他家中搜尋過。

謝章儀說，日本人當初爲了防範布農族人越界到池上地區來，特別在廣原（現爲海端鄉廣原，爲布農族部落）、錦屏地區圍上鐵絲網，並且加以通電，另外也有用「一個人頭換一銀元」的狠毒「獎勵」方法企圖要消滅布農族人。

【檜谷事件】

「拉馬達信信」的事蹟在日本文獻《台東廳》〈里壠支廳〉中針對「檜谷事件」配合圖片有一段簡要敍述：

昭和七（一九三二）年九月十九日，關山線大關山駐在所附近，巡查二名、警手一名，爲布農族人擊斃，該事件像「電流」一樣傳遍全島，認爲是對「理蕃」政策的一大考驗，台東、高雄兩州廳動員警察，逮獲嫌疑犯「塔羅姆」，並送至台東廳警務課法辦，但事後調查得悉幕後主使者爲「伊加芝凡」社頭目「拉馬遠」。

日本政府乃在十二月十九日，秘密派敢死隊各以十六名、八名分兩路襲擊，當天天氣酷寒且下著雨，敢死隊冒險抵達「拉馬達」的巢穴，將一干嫌犯逮捕。事後拍下一張照片，包括其長男、次男、三男和四男，另外其大弟、二弟和三弟等。（即附圖排坐右邊爲拉馬達之子、左邊爲其弟）。

日本警方也查出「拉馬達」曾經於大正九（一九二○）年於「逢版」派出所北方擊斃「原警部」、「後備部長」，然後

▲拉馬達信信（左四）。（出自《東台灣展望》）

躲入「伊加芝凡」社，又做了許多「惡事」。日本政府後來動員百餘名警察，用布農族人力，以最經濟的方式修築了兩社之間的「新警備道」，在將近完工時的一個黎明，警方拂曉出擊，順利逮獲該批布農族原住民。整個事件結束，對於全台的理蕃管理是一個轉捩點。

至於「伊加芝凡」都落遺址曾經在一九八九年，玉山國家公園管理處委託高雄市登山會在布農族老獵人嚮導下，從台東縣霧鹿木道深入調查，穿越密不見天日的茅草和叢林，沿著舊關山越嶺道，途中查出了日治時代二十多個警所、四十餘個部落，最終於在中央山脈東坡海拔一八五〇公尺高地尋獲「伊加芝凡」遺址，當地群山環抱且兩旁河道天險，是一處易守難攻的隱密基地，「拉馬達」所居地尚餘兩座燒毀殘餘的檜木柱。

※拉馬達信信與「仙仙」查證是同一人，台東縣布農族人用信信，因音譯較近，另信信的記載及老照片出自《東台灣展望》與東部淵源深。

台灣第一位外科醫生
——謝唐山

▲ 大連博愛醫院。（孟玉葉提供）

　　在後山百餘年開發脚步中，新一代「後山人」在土地的蘊育下，往往於社會上有十分傑出的表現，台灣第一位外科醫生謝唐山就是一個典型，他的家族創下的「四代景福」更是台大醫學院設校迄今的美談。

　　「景福」是台大醫學院的別稱，來源是因爲台大醫學院的前身，即「台灣總督府醫學校」在一九〇七年興建校舍時，選在台北市東門（景福門）附近，後人就用景福來代表台大醫學院，謝唐山家族有四代皆出自台大醫學院，該項記錄稱得上是空前。

　　根據台大醫學院百年史料記錄，醫學校第三屆（一九〇四年）畢業生十名當中，其第一、二名分別由來自後山的台東青年謝唐山、孟天成所獲得，其中謝唐山在畢業後還擔任台北市博愛醫院的外科醫師，這也是台籍人士第一位正式被承認，於現代醫學外科中操刀的記錄。

　　謝唐山的父親謝通是福建安溪人，在清光緒年間渡海來台，到後山經商販賣布匹，該時期是清廷大舉進入後山階段，一八七四年設立「卑南廳」，同知袁聞柝成立「卑南招墾局」，在鳳山一帶招募移民

進入墾荒，一八七七年，福建巡撫丁日昌在廣州汕頭設「招募局」，引進潮州人，開始在後山這塊處女地上拓荒。

謝唐山出生於一八八二年，正是清移民方興未艾之際，父親謝通娶了利嘉社望族女兒謝其儀，謝通遠渡千里到後山經商，心裡仍然懸念故鄉，特別在兒子生下來後為他取「唐山」為名，以示不忘祖先是唐山人。

謝唐山的父親早逝，母親受盡艱苦撫養他長大，在他十六歲時送他到台北去參加台灣總督府醫學校的入學考試，結果如願以償，進入醫學校修習五年醫學，並於一九〇四年以第一名成績畢業。

謝唐山在博愛醫院服務時期，由於在醫學校打下紮實醫術基礎，相當獲得病人信賴，就連一向優越感頗重的日本人也慕名而求醫，甚至隨後在今天的台北市延平北路自行開設「順天醫院」，病患更是排隊等候，每天門庭若市，醫術之高明，傳遍北台灣。

由於前三屆十四名畢業生在全台各地開業博得好評，這批開創者的投入心血並未白費，醫學校名聲大開，醫師收入豐、社會地位崇高成為人人欽羨的對象，連帶地醫學校也變為全島青年的第一目標，各地莫不以考上為榮，視子孫就讀醫學校是光宗耀祖的大事。

謝唐山醫術名震北台灣，可以從其婚事看出，當時大稻埕首富李春生的長子李景盛特地慕名前來，看見謝唐山文質彬彬、才華洋溢，心中頗為欣賞，便將當時年方十八的女兒李玉如許配給他，而謝唐山已二十九歲。

婚後李如玉協助謝唐山開設順天醫院，同時為他生下了五個兒子。分別為伯東、伯潛、伯津、伯洋及伯淵。其中伯潛、

伯津是雙胞胎和伯淵三人均為台大醫學博士。伯潛之子豐舟現為台大醫學院婦產科教授，其妹婿之女也是就讀台大醫學院醫學系，另外家族中還有三人也同樣是台大醫學院畢業生，謝唐山家族共有九人是出自台大醫學院，在全台也是甚為罕見。（感謝陳清正先生協助）

◀謝唐山。（陳清正提供）

【孟天成是後山第一位醫學博士】

後山第一位日本醫學博士，一生奉獻在中國於東北地區，也是研究「黑熱病」的權威孟天成，一九九七年適逢逝世三十年，當年台灣人不遠千里迢迢搭船遠赴東北就醫的事蹟，迄今仍為人津津樂道。

孟天成於光緒八（一八八二）年出生於後山，父親據說是清廷由福建派駐後山的軍官，在一八八八年發生的「大庄事件」中喪生，幼年時期母親又早逝，由叔父孟述齊扶養長大。

根據孟述齊的孫女，現年七十五歲（一九九七年）的孟玉葉回憶，當年孟氏兄弟在中國皆是「大佬倌」，到了後山就已退職，因此家境生活並不富裕，孟天成自幼天資聰穎且很用功，經常跑到私塾去看人家讀書，自己也在窗口默記內容。隨後才到台北參加台灣總督府醫學校甄試，順利錄取，展開了一生懸壺濟世的生涯。

畢業後，孟天成選擇留在學校擔任助教，在他的腦海裡有一個理想，要朝更高深的醫學去研究發展，當時日本對中國東北早有企圖，藉經營「南滿鐵道株式會社」大肆發展實力。孟天成做了一個對一生當中最重大的決定，那就是赴中國深造。

一九一〇年，他來到大連，先後於「大連醫院」及「宏濟善堂病院」行醫，然後進「南滿醫學堂」繼續深造，直到一九一六年畢業。

孟天成畢業後在大連開設了「博愛醫院」，並且在閒暇之餘傾全力研究「鼠疫」（即黑熱病），一九二二年，他從末梢血液與腫大脾臟的鼠蹊淋巴腺中發現了「黑熱病小體」（稱為杜氏利什曼），一九三四年更進一步發現了十二個病例。

一九三一年，日本入侵中國東北，並且成立「滿洲國」，整個中國籠罩在一片戰爭欲來的風雨前夕。孟天成為了徹底研究黑熱病流行情況，深入遼南，以步行方式進行調查，在蓋平、熊岳、復縣、周子水等地發現了一百零一名小兒黑熱病患者。

孟天成將這些發現陸續撰寫了十餘篇的黑熱病論文，分別發表於《滿州醫學雜誌》、《日本病理雜誌》等，這些第一手研究資料，終於一九三七年，也就是中國對日抗戰當年，獲得日本醫學博士榮銜。

孟天成的「博愛醫院」同樣地也因為經營得宜，不斷擴充，先後成立「奧町分院」、「博愛醫院新館」、「第二新館」、「甘井子分院」等醫院，員工最多時達四百人，規模在東北僅次於公立的「南滿醫院」，但其醫療設備則是最先進的。

孟玉葉曾經在一九四一、四二兩年，赴東北大連去為稱「阿伯」的孟天成擔任財務管理工作，她由台東出發，花費約三

◀孟天成於大連博愛醫院前留影。（孟玉葉提供）

十日圓從基隆搭船至大連,當時戰況吃緊,日本人查證甚嚴,一般人不得隨意出入「滿洲國」,孟玉葉出示孟天成的邀請書函,日警不加以盤問,隨即行李放行,讓她見識到其伯父的影響力。

孟玉葉兩度到大連,每次約停留半年,在一個星期的航程中,偶而碰上幾個病患家屬,彼此互相詢問才知道目的都是要到大連「博愛醫院」,而對方則是帶病患去看診。

博愛醫院的規模之大也遠超出孟玉葉的想像,六層樓建築,在當時台灣尚未有電梯,博愛醫院已經在使用,廁所也都是現代化設備,醫院內分別有眼科、耳鼻喉科、內外科、婦科等,每個月員工的薪水約三萬多日圓,相當於台東糖廠一個月的員工薪資。

孟天成看病相當仁心仁術,窮人無力負擔,他不會拿錢,尤其是從台灣去的病人,因為是來自故鄉他特別親切,他的台南籍原配對待病人更是受鄉里稱道。孟玉葉舉了一例,有一名土匪頭入院就醫,康復後卻無錢繳付,孟夫人非但不收費用,還送他兩包米回鄉。有一次,孟天成到鄉下看診,當天夜晚在返回醫院途中,不慎被土匪所擒,當時孟天成所穿的上衣鈕釦皆是金子製成,土匪以為可大賺一票,沒料到當土匪頭子出來看到孟天成,二話不說就放他回去,後來談起來才知道是曾經救治過他一命,土匪念及情義特別放一條生路。

孟天成除了對病患懷著慈愛的心外,對於後進也十分照顧,在晚間還以醫院為課堂,施予醫藥學術教育,同時在有重大手術時,即通知年輕醫生們前來共同參與觀察實習和研究。孟玉葉說,她擔任「會計」期間就發生過,請醫生參觀,伯父還要付車馬費給他們。

孟天成用功至勤,每天儘管工作忙碌到深夜,但在清晨四點多便起床到書房讀書,孟玉葉提到他經常坐入大書房內的椅子上,就給成堆的書籍淹沒,這點可以印證他好學向上的行為。

如此的用心和關懷,孟天成雖然終其一生未回到後山土地開業,但是他的精神曾經透過一件小因緣,巧妙地牽起兩地的情誼,一九五、六〇年代,在台東市光明路開設小兒科診所的王姓醫師,就是當時受過孟天成恩澤的人,他隨著國民政府從東北大連撤退到台灣後,選擇了台東定居,為了感念恩師的教導,凡碰上家貧無力繳醫藥費的鄉民,他通常不會多去計較,其醫德獲得許多人稱道。

後來中共將「博愛醫院」收歸公有,由於其受日式教育並在東北停留多年,因此也限制其行動,使他的精神受到極大的打擊。

中共為了安撫他,事後將博愛醫院改名為「大連市公安總局醫院」,名義上請其擔任院長;一九五四年,他被調到「人民解放軍二一五醫院」任院長,但是孟天成心理已受到嚴重傷害,終日鬱鬱寡歡,終於在一九六七年五月病逝。

孟天成在中國總共待了五十七年,他把一生中的精華與青春全奉獻給東北大連,除了研究黑熱病外,還在博愛醫院開辦「助產班」,訓練助產士為產婦服務,培養了數百位合格助產人員。經過孟天成醫治痊癒的病患更達到四萬多人以上,這些傑出的貢獻,卻也沒有為孟天成帶來良好的晚年生活。所幸其二子一女均十分爭氣,非旦繼承其業,而且現在移居日本,分別在橫濱及大阪行醫,將其父親的志向發揚光大。(感謝黃賢隆、陳清正協助)

胡適父子與台東

▲胡適於1952年訪台東。
（出自吳金玉：《九十自述》）

▶胡鐵花。（引自台東縣政府
八十五年農民曆）

　　白話文倡導先驅、前中央研究院院長胡適博士曾經於一九五三年返回到他幼年居住過的台東，除了憑弔「營頭」舊址外，也在地方舉辦了三場極為轟動的演講，並且鑑於東縣的窮困與教育資源的匱乏，主動捐出了稿費充作獎學金，後山子弟就有一位應用這筆獎學金赴美攻讀得到博士，讓胡適的心願終能達成。

　　胡適的父親胡傳（字鐵花）曾經於光緒十九（一八九三）年五月抵台東就任知州，廿一年閏五月離職，共在台東待了二年（是清代台東直隸州七位知州中任期最長的）；無論內政、治軍都頗有建樹；他所提出的「據海口，立埠市」及「撫番與禦守海疆兼顧」之遠見，首次將東部沿岸海港地位提昇，另外重視與原住民的聯繫，推廣教育，很得到部落的景仰。甚至在離台途中，原住民還挺身保護。

　　胡鐵花在台東留下的《胡傳台東日記》、《台東州採訪冊》則是研究後山開發的重要史料，台東縣為了紀念胡鐵花對後山的貢獻，於鯉魚山上立胡鐵花紀念碑，火車站前的一條馬路也叫「鐵花路」。

　　根據《胡傳台東日記》，胡適約一歲四個月時（光緒十九年十二月）曾跟著父母親移駐於台東縣卑南鄉賓朗村「阿里擺」部落的兵營，廿一年元月十三日隨母

親先行返回故鄉，胡鐵花日記於廿年元月十三日曾提「爲子姪開學」，可以推論胡適的漢文奠基應該是在後山跟隨父親的這段時期。

因爲有這層關係，時隔五十八年後（一九五二年）的十二月二十七日，胡適回到他幼時居住過的「阿里擺」清營遺址（當地稱營頭）憑弔，並且在台東縣訪問，舉行演講，在閉塞的台東掀起了一陣高潮。根據前台東縣長吳金玉《九十自述》中提到，當年他擔任台東縣長，以最熱烈、誠摯的心情接待這位去國多年的遊子返回故鄉，胡適在台東期間，安排下榻於縣長公館，這是東縣官方在往昔款待貴賓的最隆重禮儀。

胡適抵達後就迫不及待地向接待人員詢問台東的掌故。吳金玉在陪同他參觀時曾提及蘭嶼舊稱「紅頭嶼」，但因原生種蘭花於一九五二年三月在美國參加第三屆國際花卉展獲得冠軍金像獎，而改名爲「蘭嶼」，胡適聽了頗不以爲然，他特別提起西歐數百年前小說中的地名街道，迄今仍可按圖索驥去尋找，國人對此觀念和文化資產的維護必須再努力。

一代國學大師胡適當年的一席話，今日和台灣各地紛紛重視在地文史重建工作正方興未艾，相較之下實在是真知灼見，也讓後山人無比汗顏。

胡適學者風範和對台東縣的用心還可從吳金玉的敍述中得知，他在公館休憩時間不忘勉勵吳金玉子女勤學，特別引用孔夫子語錄「學如不及猶恐失之」期許，同時也題了「知世如夢無所求，無所求心普空寂，還似夢中隨夢境，成就沙河夢功德」和用白話文寫成的「剛忘了昨兒的夢，又分明看見夢裏的一笑」句子送給吳金玉紀念。吳金玉則視數天當中與大師的相處，

爲一生中最難忘懷的榮耀。

台東縣政府則在第二天（二十八日）將當時台東鎮的光復路更名爲「鐵花路」以紀念胡適博士父親胡傳任知州時爲台東所做的貢獻。

當年在台東縣府任職主計主任，隨後當選東縣第一屆區域省議員的林尙英，他是接待胡適博士東來一切行程的負責與執行人。

現齡七十六（一九九四年）的林尙英尙記憶猶新，胡適到「阿里擺」去看時，當年草房蓋成的營房早已成爲空地！與他父親相知的原住民友人也已故去，徒留下幾許傷感。

胡適在台東的行程拜訪過台東縣府，在台東師專（現台東師院）、台東女中舉辦了兩場演講，給東縣學子殷切的勉勵，胡適在這三個機關都留下了墨寶，只是這些珍貴資料如今下落不明？

胡適同時在縣立體育場對民眾辦了一場演說，林尙英說：在資訊尙不發達的年代，胡適的名氣早已享譽東縣，許多民眾慕名而來，場面不輸於現代的影歌星登台。

最值得一提的是，胡適訪問台東結束返回台北後曾經發表一些感想，胡適後來把稿費提供出來當成「胡適獎學金」（當年無基金會），希望能爲東縣的教育盡一點心力，鼓勵後山子弟向學。

這筆獎學金發揮了極大的用處，前縣長吳金玉的二子吳登中是獲得獎學金的一位，他後來赴美進修，獲公共工程博士，目前在加州當地市府服務，這是林尙典記憶中十分特殊的一件事。

至於胡適在台東，還曾於鯉魚山忠烈祠前親自種植了兩棵樟樹，現在已茁壯高大，綠樹濃密，是市民經常休憩的好地方。

台東電影事業的龍頭
──雙賴家族

▲ **賴雙喜**。（賴黃龍提供）

　　一九五〇、六〇年代是台東電影業的鼎盛時期，十年前在大環境改變與人口外流等因素下，突然凋零，一夕之間電影院在台東成為歷史陳跡，一度成為全台唯一沒有「大銀幕」的黑暗縣分。

　　在後山老一輩記憶深處，當年以經商致富的「台東三賴」創下的戲院基業迄今還讓人津津樂道，其中第二代「台東囝仔」曾以「光華企業」在台北建立起龐大事業王國，為台東人出外創業立下了不朽的一頁。

　　「台東三賴」指的是賴金木、賴阿傳、賴雙喜，三個家族都姓賴，但都沒有親屬關係，他們分別在清末從西部高屏地區遷居到後山，生意上相互競爭卻難能可貴地彼此保持極良好的情誼，尤其賴金木與賴阿傳的較勁在台東地區，更傳為茶餘飯後清談的話題。

　　賴金木的老厝在今天福建路著名的「老街」，有一棟整排的洋樓建築，其中拱門式樣與磨石子簷柱是最明顯的門面，屋頂上方形的瓷磚裝飾十分特別，據說磚的建材當初來自中國。

　　這一連串的古老建築依其造形與賴家後代的印象，應該有七十五年左右的歷

史，現在它是台東市懷古的地區，走到這個區域，給人一種時空倒置的感覺。

賴金木以經營「礦油」起家，在古厝的雕飾招牌上尚可讀出；賴金木最廣為人知的是創立了「台東劇場」，這棟建築是朱紅色澤，正面有凸出的兩長方體立面，整體有「中日合壁」的過渡式樣，設計者據說是日本人。

「台東劇場」上下樓座位約可容納下一千名觀眾，是當初十分龐大的建築空間與室內集會場。在戰後初期，民眾無其他休閒娛樂，看電影成為極重要且經常光顧的消遣。「台東劇場」提供首輪日片，幾乎達到場場客滿的地步。

賴阿傳則接手父親開創雜貨店的基礎，「太和」號商店內販賣當時貨色最多的南北雜貨與式樣最好的日本煙酒，是後山開發初期十分有名氣的老字號。

賴阿傳極有生意眼光！把生意拓展到運輸事業，分別經營貨運與漁船業，然後於一九四○年開始興建「太和戲院」，一九五二年十一月完成並開始營業，有意與「台東劇場」一別苗頭。

「太和戲院」的建築式樣與「台東劇場」有些雷同，兩邊有長方體的立面，只不過中央的山牆，台東劇場為三角形體；而「太和」則屬圓錐體。另外有半圓形的前廊屋簷，外觀同樣宏偉。

兩家戲院在放映電影的競爭上十分激烈，曾經演變到後來「台東劇場」演國片，「太和戲院」則上映洋片，但是無論如何，戲院僱請了放映師傅、畫看板師傅及工作人員等，巔峰時期達到各有十餘名員工的規模。

賴金木育有三子——賴再成、賴爵成、賴欽承，後者尚健在，高齡七十七歲（一九九五年），目前於知本溫泉山區過著半隱居的生活，賴家在一九六八年「台東劇場」結束營業，家道中落，子孫分居各處。「台東劇場」隨後因債務經法院拍賣，以一百廿七萬易主經營。

賴阿傳則養育有七名子女，長子茂生繼承了父親的經商頭腦；十餘歲到台北闖天下，靠著家中的經濟富裕為後盾與掌握日軍投降時機，以極低的價格接手了廿餘艘的貨輪，開創了「台東囡仔」在台北異鄉空前的企業。

賴阿傳的二子士生留在台東接手運輸業，其子賴天和現年五十六歲（一九九五年），開設「紅葉計程車行」，是台東計程車的老店。賴天和對賴茂生的事蹟最為感佩，他提到：一九四五、四六年，街上還很少看到汽機車，賴茂生已經騎著一輛德國進口的「ＢＭＷ」摩托車活躍在街上。

賴茂生在台北開設「光華企業」，旗下擁有廿餘艘大小貨輪，定期行駛日本、上海、香港，經營糖業出口，再進口日用品等。

「光華企業」也是當時最有名的「勝家」裁縫車的台灣總代理，在嘉義還擁有一間造紙工廠。賴生也曾經在台北市靠近北門，即現今的博愛路附近買了許多房產，台北人都以「台東囡仔」來稱讚他的傑出。

賴天和表示：賴茂生很照顧後山人，曾經在其船務事務所收容了很多台東子弟；他也回到台東參加第一屆省議員選舉與洪掛較量，結果以些微差距落選。

賴茂生在壯年的五十三歲就離開人世，且遺憾的是無半個子女繼承龐大事業，他的一個二哥過繼給賴茂生，但也無法管理其創下的基業。

至於在賴阿傳的大本營「太和戲

院」，也因為潮流和客觀環境影響，於一九六四年歇業。同時以九十三萬七千元轉手。賴天和感嘆地說：台東市電影院最興盛時期達到七家戲院，為了競爭紛紛使出看家本領，上演的還不止是國產片、台語片、洋片，尚包括歌舞秀等，業者惡性競爭達到打出「一律半票」、「一場兩元」的票價，甚至兩元看兩場的地步，電影院焉能不關門。

當年日本人在台東市開設第一家電影院——「銀座」大戲院（在今日的金谷旅社位置），經火燒後，「台東劇場」便一枝獨秀，風光一時，沒料到經過一段起起落落，台東市目前仍回到原點，僅剩一家戲院的以隔廳方式上演（一九八五年間一度全面關閉四、五年），且經營的老板已不是台東人，今昔比較起來讓人嘆息。而賴金木、賴阿傳因電影院事業的競爭，促成台東地區全面的電影院風潮，隨著他們退下舞台，台東電影院也逐步呈現沒落，徒留下幾許傷懷。

✪福建路賴金木舊宅於一九九五年部份拆除，已失去「老街」風味。

▲ 賴阿傳時期台東港外海接駁情形。（攝自《躍進東台灣》）

▼ 賴金林的台東劇場。

【賴金木是後山石油大亨】

從日治時期是一介「走水仔」（貿易掮客）到開設台東第一家加油站，擔任首任「台東街」助役（副市長）；名下擁有近百甲土地與四艘機械船，賴金木富甲一方的財勢，雄霸後山地區。其所留下來的事蹟，迄今為人津津樂道。

賴金木在台東創下了第一位台灣人經營加油站與戲院的先例，他曾經負責台東市民眾信仰中心之一——天后宮在戰後的重建工作，自己興建位於福建路的華宅，也是台東的「老街」。

生於一八七九年的賴金木是台北內湖地區人，最早在後山以「走水仔」角色，從事貿易工作，將北部的貨品帶到台東販賣，再收購平地的檳榔、黑豆等農產品銷往台北等地。隨後在台東市福建路一帶購地，開設米廠，當時仍是草房建築。

一九二二年，賴金木在福建路興建了洋樓，這棟豪華的建築，一式五間，特別

請了澎湖師傅來興建，內部皆以大石頭堆砌，外牆與廊柱則用了紅磚鋪上三合土。

屋子興建完戶後，賴金木開設了加油站，從台北進口「貝殼牌」桶裝石油，專門販售給機關或民間的巴士使用，當年的「自動車」北至新港，南抵知本，有固定班次，若要到南部地區，則車行至大武，必須向派出所登記，再繞行山路，出牡丹灣，抵潮洲再坐火車，步行時間需四、五個鐘頭。

高齡八十六歲的賴曾春妹，九歲時進入賴家當養女，她眼見賴金木平步青雲，也親身經歷歸於平淡。她提到，年輕時期為賴家煮飯、洗衣，照顧子女。在興盛期，每頓飯要煎五台升的米飯，供十餘名工人吃，而每至用餐時要敲鐘告知。

賴曾春妹說：賴金木早年以「換番」起家，在部落間做了多年生意，開米廠時，台東市成功路一帶都是賴家倉庫；賣石油後，在她先生賴城柳（賴金木堂叔姪）的協助下，大批購買土地，印象中利嘉有六十甲、池上十餘甲、台東市仁愛國小附近至少六、七甲。同時為了載貨物，開設了「泰記株式會社」，與基隆船商合資，經營數艘一百噸級的柴油機械船。

賣石油時期是賴金木事業的高峯期，有船期入港時，清晨五點多，賴金木要到海邊去照應工人，從船上卸下石油桶，再載運回福建路，以「手拉式」的容器販賣石油。

賴曾春妹說：賴金木白手起家，克勤克儉，雖然家財萬貫，仍相當節儉，像販賣的石油桶裝裂了，都親自動手去黏合。

賴金木育有三子，其中小兒子賴欽承曾留日進入「武藏高等學校」學經濟，一九三五年轉入東京「日本羽田飛機學校」就讀。賴欽承說，當年日本飛行執照分為三等，獲三等者可自己開飛機，二等則可駕戰鬥機，一等可飛客機；他在日本得到二等執照，修習的課程包括駕駛、修護通信氣象與英文等。

太平洋戰爭爆發後，賴家擔心賴欽承被強迫徵召入伍擔任「神風特攻隊員」，緊急拍電報將他召回。賴欽承說，為了怕日本人找上他，把他在日本學習的證件全部燒毀掉，返鄉在卑南區役場任職。

此時，賴家的石油經營權被日本人吊銷，因為戰爭關係「貝殼牌」石油無法進口，日本人也帶進日本石油，結束了賴家因賣石油而輝煌的日子。賴金木轉而投資興建「台東劇場」，開創台東電影業最璀璨的時刻。

賴金木在日治時期曾任第一屆「台東街」的「助役」，街長則為日人，他的職務尚有「岩灣開導所」（岩灣職訓中心前身）保護會長和「保正」，在當時頗孚眾望。

賴欽承說，日皇昭和的「登基儀大典」及「拓務大臣」上任，都會邀請他父

▲賴金木開設第一家油行現址。

◀賴金木。

親到台北祝賀或寫賀禮致贈銀盃給他。而每一次賴金木由台北帶回的賞賜糕餅，因為上面浮印有皇族的菊花標幟，「台東廳」日籍官員通常會把它拿到糕餅店，要師傅重新打散融合在其他糕餅當中，再分送給日本人或台灣人食用。

戰後，賴金木於一九四五年擔任天后宮重建的籌備主任委員，他結合本地士紳並積極勸募，將媽祖廟進行重修，一九四八年三月完工後，以其富麗堂皇的建築與規模成為現今市區內最富民俗藝術氣息的殿堂。

一九五○年，賴金木以七十二歲的年紀過世，賴欽承回憶當時喪禮極富哀榮，台東縣末代官派縣長黃武鴻與第一任民選縣長陳振宗都前來弔唁，出殯隊伍長達數百公尺，隊伍中所使用的白布條「把台東布行的所有白布買光」。

賴家在賴金木過世後，家產迅速衰退，加上三七五減租政策影響和協助賴金木打天下的親密伙伴賴城柳離開，接連的幾樁生意失敗例子，讓賴家日趨於平淡。

賴欽承則於一九五○年從縣警局辭去公職，一度開過米廠、電器行，一九七八年更歸隱到知本深山的「柑仔園」，不太過問世事。（本文感謝賴健一先生協助）

【賴阿傳是運輸業龍頭】

台東市「老太和」戲院，外觀像一座堅固的城堡；它曾經是一座貨運倉庫，後來演變為市民流連的戲院，現在它則成為救人、濟世的醫院，無論扮何種角色都很稱職，四、五十年的歲月伴隨著市民一起成長，也很讓人懷念。

這棟「太和戲院」城堡，造型十分別緻，兩邊以長方體展臂向外，中間則以圓椎狀突起，最特別的是在上端圓形處各開了數個小方孔狀！感覺起起來像一座城堡的堡壘。

建築物大門有一座半圓形的門簷與簷柱，拉長了屋子的深度，使得整體外觀既雄偉又寬大，這麼一座有「味道」又像西洋式建築的作品，出乎人意料之外的是全是「本土」的設計與建造；更難能可貴的是在四十幾年的歲月中，它無論扮演那一種角色，都能將屋子功能發揮得淋漓盡致。

在戰後初期，「太和戲院」四周房舍較少，這裡是賴阿傳家族經營運輸業的大本營，許多大卡車、貨車在此地進出，大量的貨物堆滿了屋子裡外，工人們忙進忙出，一片熱絡。

一九五二年底以後的一、二十年間，這裡搖身一變為「太和戲院」，巨大的看板掛滿了建築物正面上方，半圓的屋簷正好隔開了這份龐大的壓迫感，寬廣的前庭，成為觀眾排隊購票與等候的地方。

一九五四年後，「太和戲院」易主，仍以「和平戲院」推出西洋院線片，是當年台東地區最重要的洋片放映場所；許多

目前中、壯年輩的民眾，都是讓「和平戲院」的洋片給涵養出來的。

「和平戲院」隨後受到電影業低迷、錄影帶市場帶來的強烈衝擊，電影觀眾不再到電影院，終於讓這家有歷史的戲院歇業。

近年來，「太和戲院」已改變成為一家診所，城堡上的大紅十字架，訴說著它解救眾生的意願。診所簷廊外的半圓區域方便患者停車，屋內寬敞的空間，讓患者心情開朗許多，儼然這建築物也是為小型醫院而設計。

創立「太和戲院」的賴阿傳在日治時期是一位傳奇人物，憑著靈巧的生意頭腦，賴阿傳經營的事業包括貨運業、漁船、礦油等，賴阿傳有七名子女，其第三代賴天和，現開設一家紅葉計程車行，自己當老板。他說：祖父賴阿傳在往昔是台東市富豪之一，光是卡車就有十餘輛，定期開往高雄、台北載貨；對早期東縣的民生物資流通有相當重要的地位。

在加油站未普遍時，賴阿傳的貨運車經常充當「運油車」，賴天和說：曾經在三、四十年間，運油車卸下來的油桶擺在今日的台東女中前倉庫，結果不慎爆炸燃燒，把屋頂給衝上天，石油也一直燃燒到完，火勢才自然消失。

▲ 賴阿傳的總部——太和戲院（今東和外科）。

以外賴阿傳的漁船有五艘，當時台東市中正港海邊是一處簡易港口，由於缺乏設施，漁船出海回來都需要「牽罟」，以人力將船拖到海邊。他提到，許多居民一看漁船回航紛紛主動前來幫忙，凡是有「牽罟」的民眾都可以分得一分漁穫回去煮食。

在漁汛來臨時，漁船撒網都重得拖不上來，捕獲的丁香魚等魚類用牛車來載，最多時候可以載上十幾牛車。

碰上颱風來臨，漁船都必需拖上岸來，賴天和說他們僱請了許多阿美族人來幫忙。船在海上航行容易，但是要陸上行舟就不是那麼簡單，阿美族人用相同粗的木頭當成滾筒，讓船在上頭滑行，滾過木頭，木頭再撿到前頭，如此週而始，把漁船推上岸來。

賴天和記得阿美族人刻苦耐勞，上漁船工作時就隨身攜帶一個竹筒，裡面裝了米，有時候捕了魚；就地煮魚湯，大夥兒吃得很盡興。

至於賴家大本營「太和戲院」，一九五〇年開始興建，由於賴家的貨車經常載貨到高雄，回程就載一批鋼筋鐵條，通常是由高雄港拆船碼頭上所拆卸下來當成廢鐵的，而鋼鐵材質極為堅硬耐用。

賴天和說：當初「太和戲院」興建時，光打地基就不知耗去多少鐵材，另外牆壁也都以鋼筋來架構，並以水泥來大量塗抹，賴家希望以堅實厚重的建築來奠下永續經營的基礎。因此「太和戲院」像極了「銅牆鐵壁」的「城堡」。

雖然有人說「太和」的建築像外國風味，且十分厚實穩重，但是賴天和說：它的原設計者與建造者都是本土的一位賴姓木匠，至於這件作品可能是木匠師傅的第一次也是唯一件「創新作品」。

【 賴雙喜是
後山「鰹魚王」 】

一九〇二年,因參加「林少貓抗日事件」,一位名叫黃文星的青年歷經九死一生,逃到後山,開創了台東規模最大的「鰹魚」事業;日後更當上了「義警隊長」,戰後,國民政府還曾頒「忠義爲國」匾額以示表揚。

黃文星是賴雙喜的本名,爲高雄縣美濃竹頭角(今竹德里)人,參與抗日時,年僅二十七歲。日軍攻破營址大肆殺戮捕捉,他爬牆而出,躲進河溝中,藉著攀附樹幹垂技勉強支撐;入夜後才逃出,倖免於難。

此後,黃文星在山中藏匿,直到親友暗中相助,他才趁機翻山越嶺,且一度裝聾作啞,終於進入台東,當時他身上僅攜帶著一角銀錢。

黃文星首到里壠(今關山)尋找舊識黃煥芹(前台東縣長黃拓榮的尊翁),再回到台東街,憑著木工技藝討生活。時值日本人整理戶口,黃文星乃假借「吳雙喜」的名字;隨後被自恒春移居台東的賴家招贅,與「賴查某婆」結褵,遂改名爲「賴雙喜」。

賴雙喜雖然過著隱姓埋名的日子,但是他的泥水工夫十分獲得鄰里的稱道,都稱他爲「阿喜師」;同時也了解他曾是一名「抗日的土匪」。一直到一九一二年十一月,日本大正天皇登基大赦,才解除他的「土匪」身份。

賴雙喜無子嗣,他曾經回到美濃,從宗親子弟中,帶回時年十二歲的黃兆金,過繼膝下。黃兆金天資聰穎,在賴雙喜全力栽培下,學習成績一直名列前矛,隨後考上第一屆的「司法代書」,開業爲人代寫訴狀,另一方面,賴家也在現今中華路開設中藥店,從唐山聘請師傅來負責照應。

黃兆金二十八歲即離開人世,留下四個兒子,年幼待哺,賴雙喜毅然接下這個擔子;他在日人的協助下,將黃兆金原來申請於台東豐里海濱的定置漁場經營起來。早年台東近海漁類資源豐富,坊間流傳「中午要煮食,隨便到海邊釣都有魚吃」。賴雙喜的漁場以「鰹魚」居多,每年三至六月是漁汛期,賴家僱請的漁民都忙得無法分身,漁獲在加工製成「鰹仔醃」後,更是台東地區首屈一指的特產。

賴雙喜漁場因而年年賺錢,成了台東漁獲最好的漁場。他爲了讓孫子們高枕無憂,開始將資金購買市郊土地,包括更生

▲ 賴雙喜結婚照。(賴黃龍提供)

路、中華路農改場附近，共計有七十甲以上，他預想，光憑土地放租，日後子孫就可生活無虞。

在漁場、土地事業登上高峰之際，賴雙喜更投資汽船運輸業，他拿出半數以上資產，成立了「台陽汽船株式會社」；總公司設於基隆，船隊則來往蘇澳、花蓮、台東、高雄，並遠赴上海等地。一直到戰後，賴家仍是該公司台東的代理商。

賴雙喜雖然擁有龐大的事業，但是他仍然勤儉樸實，對日本人也一直缺乏好感，常掛在嘴邊的是「日本臭狗仔」；不過為了顧及四名孫子的前途，先後送他們赴日求學，其中二位念到大學畢業。

賴雙喜四名孫子中賴琪林畢業於日本「駿河台」高等學校。回憶赴日求學的過程，他說，當年日本警察每月支領十六至十八日圓，他們兄弟每人每月就要花費三十圓學費，賴雙喜還在他們求學期間，前往日本探視，足見他對孫子們教育的重視。

賴琪林喜愛攝影，從十七歲時就花了三十圓買了一部櫻花牌相機，這在當年算得上是大手筆，一般人家根本負擔不起，他經常為祖父拍些生活片斷，因而留下了十分珍貴的影像記錄。

賴琪林曾經表示：賴雙喜後來擔任過台東街第一代壯丁團團長，相當於今日的義警隊長，很多人都戲稱「從土匪做到了壯丁團長」。

戰後，蔣介石總統更頒發「忠義為國」匾額，表彰他的抗日事蹟。頒發匾額的儀式十分隆重，於台東中學操場公開舉行，由首任官派縣長謝真代表頒發，賴雙喜將之視為莫大榮耀，專程返回故里美濃竹頭角購地，修建祖墳、祠堂，並且把匾額掛在祠堂內，以表示不辱祖先。

賴雙喜一生對地方教育相當重視。有一年監委丘念台到東縣探訪民情，在前國大代表（首任民選縣長）陳振宗陪同下來訪，賴雙喜向其反映，後山子弟多窮苦人家，缺少讀書機會，政府應設獎勵辦法，提供清寒子弟就學。

賴雙喜在台東所創的事業，與當年分別經營礦油、米廠與電影院、雜貨店而致富的賴金木、賴阿傳三人，並稱「台東三賴」；在一九五八年賴雙喜以八十三歲高齡去世後，賴家顯赫的經濟地位始走下坡。

在賴雙喜特殊的親屬關係下，賴琪林家中仍然信守奉祀兩塊祖先牌位的規矩；在賴雙喜而言，黃、賴兩家，一是血緣所繫，一是後半生性命所寄，對其皆有恩，他不願做一位背叛先祖和無情無義的人。

◀賴金木的台東劇場。

【鰹仔醃的製作】

「鰹仔醃」是台東早期的漁產加工業，所生產的「鰹仔魚屏」則是下飯佳餚，陪伴過許多人度過艱困歲月。

一九五〇年代的東海岸沿線上，曾經有過「鰹仔醃」工場的輝煌時刻，北起長濱，新港到台東市豐里，南至太麻里，都有它的蹤跡。

「鰹仔醃」工場是由一個近海沿岸定置漁場爲主體，漁網的範圍界線，在海上有清楚的浮標指示，鰹魚漁汛期來臨時，漁民經常受僱於財主或合股共同經營，漁民稱爲「海角頭」，在漁場捕捉鰹魚。

漁場上通常以木材釘製一座有兩層樓高的瞭望台，供漁民居高觀察鰹魚群的動向。俟發現後立即通知在岸邊等待的漁民，分兩邊划著竹筏包抄，然後收起漁網，鰹魚全數在網內跳動，蔚爲奇觀，有時漁獲可達到一、二千斤。

接著，漁民們將活蹦亂跳的鰹魚放置在竹簍筐內，兩人一組，抬到海灘，灘上已架起大灶，灶上燒滾著大鍋熱水，整竹簍筐的鰹魚放入水中烹煮，幾分鐘後再提起來，鰹魚已經煮熟，一旁等待的女工或童工立刻動手剖魚肉，去掉魚頭、魚骨和魚尾。

剖下來的鰹魚一排排放在竹簍裡，每放好一排就灑上粗鹽，防止腐壞，最後將竹簍裝好，就成了「鰹仔魚屏」了，由商販載運至市面上南北雜貨店販售。

童年與少女時期曾在台東海岸撈捕魚和受僱做「鰹仔醃」的林黎順英說：剖製「鰹仔魚屏」的工作，一天的工資微薄，但剖下的魚頭、魚尾，工人可以帶回家煮食。

林黎順英表示，在「鰹仔醃」工作經常可以吃到新鮮味美的鰹魚，尤其是剛從海上撈上來，絲毫沒有耽擱，直接放入大鍋裏煮熟，鰹魚的新鮮度無可比擬，魚肉甜美可口，讓人不由得大快朵頤。

林黎順英說，當年靠海維生，在「鰹仔醃」工作期，漁民們雖依此生活，但平時空暇會到山區採取月桃葉，將葉脈去掉，留下莖部，晒乾後一斤三塊錢賣給工場，可以用來綁漁簍筐、漁網，揉成繩子則可綁竹筏等多種用途，賺點零頭外快，貼補家用，也增添生活中的情趣。

▲ 鰹仔醃工場。（賴黃龍提供）

後山 老厝故事

歷經歲月流轉，後山老厝留下了

台灣開發史上難得再現的拓荒脚印，

更見證了台灣東部淨土的蛻變。

台東狀元地——廣州街老厝

▲ 廣州街老厝。(林建成油畫作品)

台東市有塊「狀元地」，子孫讀書皆很順利，除了在國內接受高等教育，也不乏留學美、英國者。同時它還一度是日治初期「台東廳」的辦公廳署；住過日本人，後來也有美籍女傳教士居留，義大利籍的建築師更曾經親自來採樣，研究為何整棟近百坪的建築物沒有半根鋼筋而能夠支撐百年。

擁有如此豐富的經歷，使得「廣州街老厝」在後山開發的歷史中，尤其是台東市初期的開發佔有不可磨滅的一頁。

「廣州街老厝」位於中正路大同市場後方，它輝煌的過去，範圍涵蓋今天的中正路至寶桑路，左右是廣東路到精誠路，主屋為一棟兩層帶有南洋風味的建築，前庭臨中正路處有一座大門，四週以卵石堆疊，後方則有一大片倉庫。

「廣州街老厝」沒有傳統中國式的四合院建築，反而以土洋結合呈現熱帶南洋味道為其風格，在正面為拱門，兩旁為上下推的長窗，壁上有小裝飾，屋簷處有漆花草圖案，二樓憑窗處以長瓶欄杆為特色，牆則是紅磚加上三合土，屋內樑柱皆為「福州長杉」，主樑中央部分還留有畫上去的八卦圖案，以木製樓梯連接二樓夾層閣樓。

整個院落目前僅剩下正廳大厝，前臨馬路的部分，分別已賣給他人當店面，背

後被廣州街橫切過（當年是水井位置），早已是屋宇錯落，難尋當年規模。

該棟建築的創建者是「陳潮」，以「陳綿豐」店招做雜貨生意，舉凡日用品及油、鹽、糖和布匹等皆販賣，當年為了便利載貨，還設有輕便鐵軌直達海邊。

日本佔領台東初時，整個市區僅「廣州街老厝」建築最宏偉，因此「借」用其大廳充當「台東廳」的辦公處所；相當於現今花東兩縣的行政中樞設立在此，所以意義十分珍貴。

現居住在「廣州街老厝」的是從教育界退休的鄧義峰夫婦，平時幫著兒女照顧小孫子，生活過得頗安逸，鄧義峰說：許多人勸他改建高樓，但是他認為一來從小在老厝出生、成長，對它有一分情感。二來房子住得習慣，牆壁雖無鋼筋水泥支柱，但以磚塊石頭堆起來厚度大，住起來却夏涼冬暖。

鄧義峰記憶中戰後迄今，台東市發生一次大地震、一次大水災；當時附近的房子都被震垮或震裂，老厝紋風不動，大水災時，許多居民甚至跑到樓閣上來避難。

可是都市市容一直在改變，現在外頭馬路的地基比屋子地基來得高，鄧義峰說，這是唯一讓他覺得不便的一點。日治末期空襲最屬害時候，全家族疏散到池上鄉下，台東市區幾乎被夷平之際，老厝所受的損傷仍很輕微。在廣東路與正氣路交叉口曾被炸彈炸開了一大洞，一顆據稱有五百公斤的石頭噴到老厝屋頂，屋子還挺得住，却不慎因為要取下石頭，把原有紅瓦踩壞了，因此換上黑瓦。

換下來的紅瓦很受到民眾的喜愛，爭相索取來做為烘焙中藥材之用，他提到小時候看見很多人在老厝前廣場直接把藥材帶來，在爐子上生炭火，拿紅瓦片當成「焙板」，在上頭「烘焙」貓頭鷹肉，據說烘焙得久，可以治「氣喘」。

鄧家與老厝的淵源可以追溯到鄧義峰稱「叔公」的李忠義，他在清朝年間是屏東萬丹的財主，當年到後山開墾轉手買下該棟老厝土地，並靠其雄厚的財力，僱請很多人來「墾田」，方式是先提供糧食與為其蓋房子，田產開墾出來，再依比例持分。

墾田最高峯時，包括今天池上、海端、知本、豐里、大橋一帶，總計超過三百甲的土地。他記得當年每到收成期，各地墾民將稻穀收割聚到老厝大廣場前，可算得卜盛況空前，家裡還需特別開流水席來犒賞。

李忠義生有一男、一女，兒子後來留學日本，並在日本成家立業。李忠義返回萬丹時，把財產留給女兒，而後山田產則悉數交給鄧義峰的父親鄧信現繼續經營。

國民政府遷台實施耕者有其田政策，鄧家的田地大部分放領給農民，而鄧家換來的「糧食債券」把大鐵櫃裝得滿滿地。

鄧家雖然不再「富甲一方」，後世子孫却個個爭氣，父執輩起就受良好教育，大伯留日、父親在日治時期即念水產專科學校，鄧義峰兄弟也都有高等學歷，子女更是留日、留美、英取得碩士、博士多人。

老厝前店面陸續賣給他人後，曾經有店東從西部請了地理師來看風水，「先生」質問為何當時買地不順便把屋後老厝一起買下來，因為老厝的地理是「狀元地」。

鄧義峰回想起來，像似有幾分道理，不過他強調小時候讀漢文，都是在屋後的倉庫與蕃薯園中的蕃薯寮內偷偷地學來，這與後來他上師範學校順利頗有關係。

「廣州街老厝」走過了一世紀漫長路

途，鄧義峰親眼見過日本人強佔，讀書時代又看過美籍女傳教士到台東山地來宣教，借用了閣樓一住多年，隨之是義大利建築師好奇慕名而來研究，爲什麼台東人蓋房子不用鋼筋、水泥，而能夠耐得住大自然與歲月嚴酷的考驗，建築師甚至當場刮下牆上的建築材料攜回化驗。

　　凡此總總像在敍述著「狀元地」，甚至是一塊「國際學府」，雖然逾百年歲月鄧義峰對老厝愈發有信心，何況它可以提供這麼多的訊息，從老厝的演變可以看得到歷史，這就是它的價值。

▲廣州街老厝。

漢人登陸後山僅存的見證
——台東「廣恆發」商號

▲ 小港街道。

東海岸公路，成功鎮小港地區，一棟造型特殊類似「巴洛克」式建築的三拱式牌樓立面豎立在蔓草間，像一位久經風霜的貴婦般，受到世人的冷落。

這棟嚐盡人間風華，即將走入歷史的西洋式建築，其實是台東地區開發的一處重要據點，象徵著漢人登陸後山開始經營的紀錄。

由於東縣的對外貿易接觸，小港是最早的一座港口，幾乎整個地區都是由小港拓展出去，而「廣恆發」商號正是百年前拓荒鼎盛時期所興建的建築物，無論對後山的歷史或人文而言，它是僅存的見證，彌足珍貴。

「廣恆發」商號的建築在當年而言，其建築式樣、氣派，甚至所耗費的財力，均是創紀錄的大手筆，尤在後山地區，更為難得。

以殘存的立面而言，磚拱騎樓式的「亭仔腳」，由方形柱子支撐，正面牌樓是三角形與長方形，而以線條、短柱（上有鏤空圓形、三角椎形裝飾）水泥牆面來區隔，面上則有花草紋，鏤空的雕飾有菱形與十字紋。可惜的是，因為屋子本身已經傾垮，無法看清楚整體規劃面貌。

「廣恆發」商號的創建人是由屏東內埔移居的客家人溫泰坤，他與一般到後山來拓荒的移民一樣，白手起家；最早期是從西部牽牛到台東來賣，隨後在經濟逐漸寬裕後，蓋了這棟「廣恆發」商號販賣雜貨、白米，繁衍後代，並成為顯赫的家族。

溫泰坤育有三子，分別是鼎貴、德鳳、德喜，傳下來的第三代目前是家族的中堅，其中溫敦雄曾任職台東中小企銀總經理，他們這支族系一直居住在台東。

遷居到台北的溫敦彰回憶說：「廣恆發」在小時候的印象中是分成三間，中間是祖父住的雜貨舖，兩邊則是米倉，儲放了許多白米與設備。

溫敦彰提到：日語稱「阿米那豆」的小港是往昔台東最熱鬧的地方，沿著「廣恆發」商號前的街道興建了不少房舍，日治時期還有「會社」建築。

有關於「廣恆發」的建築則由於年代久遠，資料不多，溫敦彰說：建築物已經超過三代，應有百年以上的歷史。他表示：唯一的印象，建築磚塊好像是由「澎湖」運來（另一說法是清光緒年間所興建）。

溫敦彰的母親回憶當年情形，她現年八十七歲（一九九四年），嫁到溫家時才十九歲，「廣恆發」商號已經屹立多年，少說有二、三十年以上的歷史！那時從長濱以南沒有商店，就屬「廣恆發」最有規模。

當時東海岸有很多人移居屯墾，也有一批人專門製作樟腦油，這些人經常隔一段時間便下山來添購日常用品，也常到「廣恆發」來坐或閒聊，她當媳婦時，還得煮飯菜款待客人。

溫母表示：「廣恆發」生意極好，當時米廠碾米人手不足，請了當地原住民來幫忙，而雜貨絕大多數是從西部經由海運運來，大約是以常停泊在小港的戎克船作為運輸工具吧！

也因為「廣恆發」門面大，在日治末期，它一度成為空襲的目標，曾經有一次飛機凌空而過以機槍掃射！結果靠北面的一間儲米倉庫牆壁被打穿了，形成像蜂窩的彈孔，子彈都直接射入米糧包裏面。

又有一次飛機投彈，幸好沒有直接命中「「廣恆發」商號，炸彈掉落在屋後靠

▼ 溫家大合照。（溫芳淑提供）

海邊的一座廟前爆炸，所幸未波及到。

　　當年的小港街僅有兩棟西式洋房，除「廣恆發」外，斜對面馬姓人家也蓋了一棟，但是擁有二樓的也只是溫家的「廣恆發」而已。「廣恆發」是用來當作店舖，他們家族都居住在正對面的一棟老住宅，如今住宅也僅剩一面牆罷了。

　　溫敦雄說：「廣恆發」經營雜貨米店時期，來來往往的人頗多，家中還特別在

▲ 廣恆發立面。

店前準備茶水，供過路的客人飲用。

　　後來因東部開發分別南北移至花蓮市與台東市，小港地區逐漸沒落，戰後「廣恆發」即不再有人居住，家族也分別遷移出去，因而形成現在這種殘破的模樣。

　　迄今溫家在每年的清明節，家族都會一聚去台北祠堂或回到小港地區祭祖，順便去看看「廣恆發」老店。

　　溫泰坤以客家人勤勞儉樸的精神創業，由開設米廠需要逐漸向外幅射拓展出去，除了成功長濱一帶外，爲了收購米糧儲存蓋倉庫必須大筆用地，開始到台東郊區去購買土地，像現在的豐源至康樂間就有許多糧倉，同時也隨著時代的環境改變，逐步調整拓充「關係企業」，先後有「瓦倫西亞」果園、還有戰後初期成功鎮的漁船造船廠等。

　　龐大的產業使得溫家必須僱請許多長工來看管果園、管理糧倉，連遠在台東的民眾都知道溫家土地超過百甲以上、牛隻也在一百多隻，在後山地區富甲一方，當時市井中流傳一句話「日本時代台東街仔有能力放租田地的，僅溫泰坤、賴金木而已」。

　　溫敦雄說，當時祖父經營的米廠還一度辦理「公糧」業務，農民們在收割後，以稻穀抵稅，經營的方式類似今天的農會功能，糧政單位委託溫家代辦，而農民們也十分信任溫家誠實做生意的理念，多半拿到溫家所開設米廠去繳納，業務繁忙比起目前農會有過之而無不及。

　　溫泰坤的兒子似乎都遺傳有經營企業的理念，溫鼎貴在戰後進入金融業，擔任高企董事、總經理。當時台東鎮內金融業正待開啓，一九五〇年代，由前立委鄭品聰等數位台東鎮地方人士以「標會」而演變成立的「台東區合會」算是濫觴，到了

一九六六年溫德鳳介入成了最大股東，並任總經理。

一九七九年二月，區合會改制成「台東區中小企業銀行」，溫德鳳首度將股票上市，成了台東地區唯一的股票上市行庫，同時員工們也都能持股；溫德鳳與溫敦雄父子兩人接續經營東企總共三十餘年，雖然秉持「小本經營」的穩健保守方針，但是還是做了多項地方金融業的創舉，例如員工結婚後仍可在銀行上班，率先每年舉辦員工出國旅遊等許多令人欽羨的福利措施。

溫敦雄說在東企任職沒有受到特別待遇，從最基層做起，也先後下放到偏遠的區域去，台東縣的三線鄉鎮，池上、大武、長濱等地他都去過，這些磨練造就了全盤掌握各地基層狀況，有助於日後他接掌總經理後熟諳狀況。

溫泰坤在後山發跡，子孫族系繁衍眾多，第二代鼎貴育二男四女、德鳳五男四女、德喜五子，家族成員中有留美博士、醫生、銀行家，均有大學畢業的良好基礎，目前第四代家族中溫敦雄就有三個兒子讀到碩士。整個家族人口超過百人以上，算得上是後山地區家族當中顯赫不墜的一例。

一九九八年東海岸公路拓寬危及到「廣恒發」，在地方一片惋惜聲中代為塵土。

▲ 小港

平埔族移墾後山的象徵
──潘先英古厝

▲ 潘先英古厝的窗花。

　　進入忠勇部落的道路兩旁是一整片田園，聚落仍舊保持原有的型態，人口戶數卻不增反減，甚至於百十年前的老厝草房還可以在部落中發現。

　　「潘先英古厝」是忠勇部落曾雄據一方現在已褪色的象徵，它矗立在偏遠的長濱鄉間，屹立了百餘年，看盡了後山開發的艱辛歲月，也可視為外來移民族群在後山土地上生根的重要證據，同時，住整個台東地區，「潘先英古厝」是唯一一棟完全以清朝式樣雕花窗格局興建的古建築，因此，其珍貴處可以想像。

　　「潘先英古厝」曾在一九九四年夏天「提姆」颱風過境時，鐵皮屋頂整個被吹掀起來；高齡九十四歲（一九九四年）的潘春仔與六十六歲（一九九四年）的第三代孫「林國明」把家中剩餘的家當與棉被衣物搬到厝前廣場曝曬，祖孫兩人守著凋零殘破的家園，再深入想像它背後擁有的歷史意義，讓人看有了無限感嘆與鼻酸。

　　以茄苳木頭建造的「潘先英古厝」，雖然經過歲月無情的侵蝕與毀損，但是由斑剝褪落的表面，仍然可以看出興建工程的浩大，以及處處「精雕細琢」的痕跡。「古厝」正門兩邊是雕花草的門飾，各自

隔著一扇上下式窗戶，窗戶上端是方形吉祥花飾與連續圖案構成的窗飾，下端則是間隔細縫的長條窗。

大門門楣寫著「榮陽堂」，屋頂上橫架著長條木頭樑柱，屋簷下的支柱也有「桂落」裝飾，靠近左右廂房的窗飾同樣為縷空的直線型窗飾，頂面留下有手繪的圖畫，多半已脫落。

牆面以綿密的竹片編織架起，上敷糯米、稻草、黏土拌成的合土，整個立面看得出來豪華氣派，只是斑剝殘破得像遲暮美人。

至於屋內正廳供奉神位，上方兩邊都有裝飾，兩旁的廂房也以仔細地隔間來規劃，表裡如一，顯見創基主人無論財富與處理事情的態度都十分有「原則」。

房裡處處可見當年留下來的「古董」傢俱，珠寶木盒、衣櫃、垂直吊著的竹籃，彷彿與過去歲月分不開的情感。據說，屋裏還保有一個清朝王公貴族留下來的枕頭，枕後數分鐘即遍體通涼，可防止高血壓疾病。

林國明（第三代林國明是從招贅到潘家的父親林明諒之姓）表示，祖父潘先英約在清光緒年間從屏東赤山一帶移居到後山來開發，他們這批平埔族的鄉親到忠勇部落後，發現山下一大片放眼望去幾乎不見邊際的土地尚未利用，便決定居住下來。

在林國明的印象中，每到吃飯時，家人都要敲鐘告知全體親屬或僱來的長工用飯時間到了，他提到：小時候，祖父留下來開墾的田至少有廿甲。且因為潘先英在忠勇開拓有成，約在日治初期興建了「潘先英古厝」，清式建築設計是請當年住在宜蘭的一位「丁」姓師傅負責，建築材料是就地取材，在鄰近的南竹湖山區潘家開

墾的樹林內，採取大株的茄苳木來做為建材。至於大厝花了多少錢來建造，已無從考證起，只知道當時總共殺了卅六頭牛來請工人吃，而百年前潘家在忠勇附近山區總共飼養了五、六百隻牛。

林國明說：祖父「潘先英」兄弟兩人各蓋一間清式格局大厝；一間是「先連古厝」，建在鄰近「犁頭尖」，但是古厝在後來毀於大火。

一九九六年十一月，「潘先英古厝」也在大火中被毀，留予後人無限遺憾。

▲潘先英古厝。
◀潘先英。

卑南平原開發見證
——王家大厝

▲ 王家大厝。

　　卑南文化遺址名聞國內外，在遺址旁一座「王家大厝」——是「中日合壁」的三合院，於近代卑南平原的開發有十分重要的意義。

　　王家大厝的創建者爲台東縣選委會四組組長王錦機的祖父王登科，他於日治時代（一九二〇年），因爲居住的台南學甲老家，族中人口多，食指浩繁，生活不易乃翻山越嶺到後山來求發展。

　　王登科到當時的台東明治會社都蘭糖廠做工，由於勤奮，加上對採收甘蔗十分嫻熟，獲得日本人的信賴，王登科便返回故鄉號召大批鄉民共同到台東來闖天下。

　　這批「台南幫」的鄉民到後山來，最先落脚處在現今卑南平原的卑南、南王、豐年一帶，直到今天傳統的「台南幫」勢力仍舊在卑南地區，每逢選舉，同鄉會一聲號令，鄉親們十分團結，聲勢浩大。

　　王登科隨後首開風氣到後山種植甘蔗，再將甘蔗轉賣給糖廠，王家靠著甘蔗開始發達，土地也一塊塊收購，成了台東的「大地主」。

　　王家富甲一方，除了握有上百甲的土地外，台東老一輩人士還流傳著這麼一段說法：戰後王登科每年所繳的稅，佔卑南

鄉（當時劃歸卑南鄉）預算的十分之一，足見其財富之雄厚。王錦機則說：小時候他常見到祖父母拿出大批的古字畫、寶劍和龍銀等珍貴收藏，當時也不知其價值連城。

昭和十六（一九四一）年四月，王登科興建了這棟「王家大厝」，一棟在當初被評定為最有氣派的大厝，採閩式三合院建築格式，但是房子外觀與內部設計則是「和式」味道，真正是「閩、日合壁」的建築物，還不多見。

王錦機說：他記得老人家提及過當時大約花了「八萬」元的經費蓋起來，屋裡的木頭都是「福州杉」，直接從中國進口建材，至於內部設計則為榻榻米方式的和式套房。

這棟華宅在當年還創下了多項記錄：

一、它設計了後山第一座有「日月池」的宅院。王錦機說，當年以目前的圍牆為界裡面是日池，外處是月池，相當有中國庭園味道，後來因為其堂弟經常生病，勘輿師傅認為是「日月池」作祟，乃將之廢掉。

二、當時台東街上剛剛有電燈時，王登科花了十萬日圓從街上沿路設電線桿，再以一萬日圓牽電線、電燈到王家大院內。

王家大院位在國內著名的卑南史前文化公園邊緣，而卑南文化遺址周圍經近代專家學者探勘，發現屬於菲律賓與歐亞板塊交接的滑動層，地震頻繁。但是「王家大厝」似乎不怕地震，外表與實際都很堅固。

這棟大厝象徵王家的顯闊，王錦機說：台東市區內很多土地都是王家分租給別人耕作的，他指出，祖父曾經以一間倉庫來存放佃農借據，可是到了日治末期，

農民都被日本政府徵召去前線當兵，許多家庭無力繳租，王登科一把火燒去了大部份借據。

戰後發生二二八事件，「王家大厝」還曾經居中擔任過避難場所，當時的謝真縣長，首先接受王登科力邀藏身在王家內，隨後風聲緊急，才撤至初鹿地區由馬智禮保護。

王家大厝儘管有這麼輝煌的過去，但是終抵不過潮流趨勢，子孫們在花東公路完成後就遷往卑南街上居住，留下空曠的大厝庭院。

同時國立史前博物館的籌建，也徵收了部份土地作為卑南文化遺址公園，目前該落大厝建築仍然十分完好，借予史前館當作工作房使用，靜靜地與地底蘊藏有數千年豐富古文物的卑南文化遺址做鄰居。

▲ **王家大院前的大合照（後中是王登科夫婦）。**（提供照片的是前排左一的王錦機）

老厝 5 故事

花東第一的三合院
——關山彭氏三合院

▲ 關山彭氏三合院。（林建成油畫作品）

　　十幾年前國內一家電視台爲了拍攝一部名稱叫「輕霧」的連續劇，跑遍了花東地區，找到了位於關山鎭的「彭氏三合院」做爲外景場地。它的別緻，被喩爲「後山第一」，而同時「彭氏三合院」更在花東縱谷的關山平原，扮演著走過開拓時期滄海桑田的角色。

　　「彭氏三合院」十分結實堅固，從戰後第二年起厝迄今，絲毫未有損壞的痕跡，反而從熟悉的朱紅磚瓦色澤，道出耐人尋味的親切感。三合院座落於關山鎭德高里，靠近與海端鄉交界處，數棟宅院連接在一大片水田中間，要不是面對著陸橋堆疊的高度阻擋視線，整個關山鎭可以盡收眼底，視野寬廣開闊。

　　這棟三合院主人是前關山鎭長彭盛煥，現年七十二歲（一九九四年）的彭盛煥身體極爲硬朗，外觀看起來像五、六十歲的年紀；退休後，他在老厝內過著閒雲野鶴般的日子，三合院內親屬相互間照顧極爲容易，兒孫都自有家人照料，他老人家有時到朋友家走走，或者到鄰近山區看看自己所種的八甲地梅子。

　　彭盛煥的家族於一九四二年前後分兩批來到台東，當時從故鄉楊梅北上，由基

隆搭船到花蓮港，再乘大卡車來到關山，領著彭盛煥來的是其父彭土成與叔叔阿偉。

當初的關山德高里雖有廣大面積，但都是「石埔地」，滿地石塊纍纍，耕作前需要費很多力氣，先把石子撿起來堆築在田邊，再到田裡播種耕作。

彭盛煥提到，父執輩眼見後山土地值得開拓，曾經返回老家去「招佃」，農忙期還僱了許多工人來幫忙，他記得家裡擁有的田地曾經有十二甲地。

由於家族人口眾多，三合院的建築從一九四六年起分成三年才建好，先造正廳，家族人暫住一旁護龍，等蓋護龍時，再搬入正廳的方式輪流興建。

完工後的彭氏三合院，在當年是關山地方受人矚目的大事。三合院格局雖不算龐大，但是「正身（廳）」有七房間，兩邊護龍各四間。建屋材料則多半從花蓮引進，像油松是從花蓮林區購買，紅磚是在東里採購。

彭氏三合院的外觀完整，前門以磚牆圍著，屋後有一大片的竹叢當作「防圍」，構成極熟悉的景觀，建造至今僅正廳屋頂右方曾因颱風把後面一棵樟木吹倒壓壞瓦片，重新以油漆漆過，此外就沒有更動。

彭盛煥說居住在三合院中慣了，喜歡它的遠離塵囂，家人彼此照應方便，且現在交通便利，實在沒有什麼好苛求的。

在花東縱谷線上，車輛川流急駛而過，「彭氏三合院」就像一位悠閒的隱士，藏匿在一大片綠油油的稻田中，有首歌詞中提到「有幾間厝，用磚頭砌」——三合院就是如此親切、無華，又這麼讓人迷戀。

▲關山彭氏三合院。

純中式斗拱的「唐山厝」
──池上謝宅

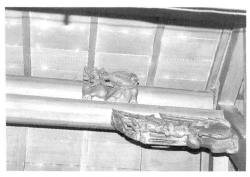

▲ 池上謝宅的象挑樑。

　　十幾位「唐山」來台的木雕師傅，花了半年時間完成一棟純中式斗拱建築的房子，為後山地區留下了極罕見的傳統民俗手工藝「唐山厝」範例，彌足可喜。

　　這棟外觀素樸，在簷柱、樑柱上卻極盡精緻華美的「唐山厝」──「謝宅」大院，靜靜座落在東縣池上往大坡村，眺望整個大坡池的路旁水稻田邊，地名屬於慶豐。

　　當年興建這座大宅的謝彩恭，他在地方曾是頗有名氣的士紳，擔任過農會理事長、鄉民代表及二屆縣議員，至今家中還保存著國民政府接收前後、任職的賀匾和證書。

　　謝彩恭同時也是池上天公廟管理委員會的委員，一九五○年代天公廟進行修繕時，謝彩恭眼見所聘請來的「唐山」師傅個個手藝高強，所雕出來的花鳥吉祥獸無一不栩栩如生，認為機不可失，想起老家正好要起大厝，不如在廟宇工程告一段落後，「順便」委託師傅們設計他的新厝。

　　謝彩恭的提議，獲得師傅們的允諾，於是「原班人馬」移駐到謝家擇吉開工，這段機緣，促使「唐山式」建築也落籍在後山。

謝宅大院的規劃，基本上仍是正廳，左右兩邊設護龍，屋前一大片廣場，入口處在十餘年前加蓋了一座門樓牌坊，採取了紅、綠的瓷瓦式裝飾，但是顯得與後面的建築物，有些不搭調。

謝彩恭的兒子謝晨昌是在「唐山厝」裡成長的，他回憶起當時興建房子的情形，唐山師傅負責斗拱樑柱的製作雕刻部分，木料屬於「紅檜」，來自花蓮縣木瓜林區，無論樑柱、木板都是以人工拉鋸，一塊塊鋸下來刨平。

簷柱上的「桂落」裝飾，精雕出花鳥，斗拱上也雕有吉祥花草，直接承載著屋頂的重量。斗拱部分皆以「接筍」銜接，可拆下來，往年家人都取下重新油漆。

整個簷柱裝飾分別向外兩邊與上方延伸，頗有莊重沉穩的美感。另外最特殊的地方是正廳屋頂上的主樑兩端也有「桂落」雕刻著花鳥，上方另外各雕著一隻「象」形獸。謝晨昌說：這是「唐山厝」的精神重心所在，他約略了解中國南方廣東省的模式是以此種「象挑樑」方式，福建省則是「獅挑樑」，兩者有所區別。

屋子主體則是採取當初的「三合土」材料，牆基與簷柱以磨石子方式，利用人工洗磨，慢慢一遍遍所完成的。謝晨昌說：這些一般通稱為石灰壁。另外瓦片是灰瓦，正面各開了八角形與方形窗，特別的是上下均對開窗戶，通風情形比普通屋子良好。

謝晨昌的祖父謝阿火，日治（一九三六年）從苗栗三義的勝興移居到後山來，三義是台灣木雕重鎮，也許是身在氣息濃厚的地區感染了相當的木雕涵養，間接促成了「唐山厝」的誕生。

⊗池上謝宅的門樓牌坊已於一九九七年間拆除。

▲ 池上的「唐山厝」。

綠島僅存的漢人聚落
──柚子湖硓𥑮厝

▲ 綠島硓𥑮厝。

綠島柚子湖的「硓𥑮厝」是漢人開拓後山離島地區僅存的古老聚落，十分珍貴，在一百七、八十年的歲月中蹣跚走來，步步是先民的血汗。其中柚子湖的十幾棟厝，更與當地環境的融合，宛若「幻境」再現，絕無僅有。

柚子湖的地勢，面臨浩瀚太平洋，有一片廣闊潔靜的沙灘，海面上有兩三塊隆起的大礁岩，自然形成的淺水區適合戲水、撿貝殼，較深處則可以浮潛、釣魚，海岸生態完美。

背面的山坡肅然陡立，高度差距非常大，站在坡地公路上可以發現柚子湖是一個完整的窪陷地形，缺口就朝著大海。

這麼一座「遺世獨立」的區域，柚子湖這百餘年來幾乎沒什麼改變，靜靜地與山、海共處，避開塵囂的侵擾與污染。

而灰黑的硓𥑮厝就點綴在這片天地的草叢間，一棟棟像是天然的搭配，沒有半點不協調。這裡的居民早在廿多年前集體遷村離開，把土地再度回歸給自然。

現年八十歲（一九九四年）的王添發目前住在公館，他大半輩子居住於柚子湖，以種土豆、甘薯、養鹿和打漁維生，

他能夠記憶的是，三代前祖先就已經到柚子湖來住，整個柚子湖居住人口最多的時候是十餘戶，五、六十人。

王添發說：柚子湖都是王姓家族七、八位兄弟分出去的親屬，在遷村後移居其他村落或搬到台灣生活。

居住在柚子湖交通十分不便，日常生活必需品要走路出來買，如果要買衣服、物品、米糧還要坐船到台東，往往一趟都得花上一兩天工夫。

王添發經常把採下來的鹿茸、鹿肉、鹿血或花生帶到台東街上賣給藥房或商店，靠著「跑單幫」的方式維持生活，一直到今天他還樂此不疲。

至於「硓𥑮厝」怎麼來的，王添發只記得小時候和大人到海邊去撿大石塊回來堆，再弄些稻米加黏土來塗牆。

從綠島鄉公所退休下來的陳新傳就對「硓𥑮厝」瞭若指掌，他表示：「硓𥑮厝」其實就是大塊珊瑚礁，在過去綠島對外交通不發達時，從台東載運民生物質全靠帆船，無法載運瓦片或水泥等建材，居民們蓋房子通常到海邊找珊瑚礁，由於它的厚度夠，重量輕，且質地較脆，居民用鐵條可以輕易扳起，再以牛車拖回家。

「硓𥑮厝」一般挖地基約二～三尺深，將大石擺進去，然後開始堆高，硓𥑮石大小參差不齊，居民們將部分燒成「石灰」加上泥擠壓以便砌牆，敷平牆的厚度往往多達四十五公分左右。

有關屋子的角材也是以就地取材為主，通常使用楠木，屋頂放置橫向角材（大約是三寸半八支），再蓋上木板，最早是以茅草為屋頂，隨著時代潮流與綠島對外交通的改善，陳新傳形容是「機動船」的海運時代，居民生活水準跟著提高；由屋頂的材料他可以反映出來，茅草之後有油

毛氈屋頂，鐵皮、瓦片到今日的水泥洋房。

「硓𥑮厝」的屋內構造很簡單，一般都是二房一廳，面向外左邊為大房，長度約九尺，中廳則為十四尺，深度十八尺，裡面安置神位與祖先牌位。

另外廚房與廁所分別再蓋單獨一間，方式與大厝相似，僅較簡單許多，陳新傳提到：當地人稱「硓𥑮厝」為「石頭厝」，他記得剛開始是請東港師傅來指導，以後全是居民們互相幫助，自己建立家園。

陳新傳的兒子陳志堅大學畢業後在綠島國中教了一陣子書，他在綠島的時間努力去蒐集一些有關於綠島的文獻資料，並且常常訪問求教當地耆老，同時也主持了綠島鄉志的撰寫；他指出：綠島有漢人的足跡，依資料有兩種說法：一是清嘉慶八年，小琉球人陳必先首先登陸綠島，另外則是嘉慶四年，這兩項說法年代很相近，根據他調查綠島居民中大家族的世代發現年代上應相差不遠，可以確定在一百七、八十年前漢人就已經居住在綠島了。

綠島人蓋房子有其特色，方位的選擇要靠「土地公」指點，首先到土地公廟參拜，請回去供奉在神主牌位中，決定興建時，再請土地公上神轎，當搖晃停止後，該地點、方位就是房子奠基位置。

陳志堅形容「硓𥑮厝」是「冬天溼，夏天涼」的建築，主要是硓𥑮石由於是珊瑚礁岩，空隙大，雖然糊上了厚厚的石灰泥，但是其吸水與散熱性強，造成了「夏涼冬溼」的效果。

此外因為「硓𥑮厝」上下堆積的牆面，難以承受左右推擠的壓力，冬季綠島風又大，因此房子都蓋得較低矮，窗子也開得小，屋內較陰暗，這是「硓𥑮厝」的缺點。

而綠島「硓𥑮厝」最具代表性，也最完整的地區就在於柚子湖，但是在廿多年前已經整個賣給了台北韓姓為首的財團，陳新發感慨地說：當初都不知道柚子湖是全綠島最漂亮的地方，居然以一百五十萬就賣掉了。

陳志堅則說：可以說完全在於經濟因素的考量，居住在當地生活困苦，交通不便，居民們早已陸續遷出到都會區去打拼。

柚子湖的開發就這麼由絢爛趨於沈寂，留下了十餘棟像是「幻境」的空硓𥑮厝，有關厝的年代，陳新發父子有一番爭執，父親堅持不會超過八十年，而陳志堅則說有一百年的歷史了。

▲綠島硓𥑮厝。

後山高級社區
──台東糖廠宿舍區

▲ 糖廠宿舍。（林建成油畫作品）

　　台東糖廠內的宿舍區，是後山地區於二次大戰前後最高級的「社區」。除了整體和式住宅規劃外，還包含自己的學校、工廠等，是一處完善的生活圈。

　　和式宿舍區，老台糖人稱做「第一區」。當時皆是課長級以上的高級幹部才能居住，房子的坪數都在四十坪以上，四面開窗與基座架高，使得屋內通風良好，加上每一棟都有間隔庭院，種植大樹或椰子，近屋邊則是花草、花圃，環境甚為清幽怡人，幾乎就是現代人夢寐以求的家園格局。

　　住過和式宿舍的人都知道：就算是在夏天，幾乎不必利用冷氣或電扇，屋內自然清爽，不像水泥房子的燠熱，但是和式宿舍也有其缺點，那就是容易有蚊子。

　　老台糖人蔡時清提到：第一區的和式宿舍在最輝煌時期擁有四、五十棟，且住滿了糖廠的高級幹部與其家眷，在當時，台東糖廠內除了製糖工廠外，還包括自己設置的小學，專供台糖子弟就讀，也就是位於廠區內的光明國小。

　　光明國小是糖廠於一九六六年整個捐給台東縣政府管理，在此之前學校由台糖自己經營，這座小學的師資素質是全台東

最高的，主要是領糖廠的薪水，而其待遇
比一般學校超出了一、二倍。

在現今留下來的和式宿舍中，其中一
棟灰瓦，玄關入口處漆著紅白漆的最爲顯
眼，右手邊掛著一副木牌，上寫「第一公
差宿舍」，原來是糖廠的招待所。

台糖各地糖廠的員工到台東來出差或
旅遊，以往都住在這棟宿舍裡，以前的退
輔會主委趙聚鈺就曾在此住宿過。

除此以外，前總統蔣經國在擔任青年
反共救國團主任委員時，也到過台東糖廠
參觀。近年來包括總統李登輝在內的國內
政壇要員也經常利用到台東視察的機會，
在糖廠住宿或宴請地方政壇人士。不過所
使用的場地已不是和式宿舍，而是一旁新
建的洋房建築。

蔡時清提到：和式宿舍整座都是木
造，裡面的附設傢俱也清一色是木製品，
因此爲了防火，糖廠特別在接管後，在社
區裡設置了許多「消防柱」，用像小傘蓋
的鐵柱，吊著三、四個滅火器，預備一有
火警，隨手可以提起滅火。

也因爲是木製品居多，包括和式房內
的床板都必需要每天勤於擦拭，才能保持
永遠光亮、清新。蔡時清說：一旦和式宿
舍沒人住，不出一段時日就會變得老化殘
破，到處有老鼠，蟑螂與跳蚤，讓人望而
卻步。

台東廠的和式宿舍區，目前僅剩下零
星數棟，年代在五十年以上，除了部份尚
有人居住外，靠馬路部份於一九九七年改
建爲超市。其餘閒置的部份，由於維護不
易，台糖準備予以拆除，屆時這個曾是後
山最高級的社區，也將歸於歷史。

▼台東糖廠宿舍區。

▶糖廠老消防柱設施。

20位廳縣長及1名將軍
進駐的家──台東縣長公館

▲ 台東縣長公館。(林建成畫)

　　台東地區最高首長的官署，曾住過20位廳、縣長，同時著名的湯恩伯將軍也曾在此居住過一個星期。這也是後山僅存最完美的「和式庭園」。

　　這座緊鄰台東縣府的官舍，無論其和式建築的宏偉，或者庭園的美化，均屬於標準的「日本風味」作品，整個園區散發著日式規格中的精緻、優雅氣息。

　　從現今台東市更生路方向，可以看見一座高大厚重的大門，兩根圓型水泥柱，中間是比人高的木板門。遠遠望去即很有威儀的豎立著。

　　推門進入，一棟「多角式」的日式木瓦造大型平房矗立眼前，周圍有高大的樹木綠蔭，並輔以青翠的草皮。環境清幽怡人。

　　建築物本身除了屋頂呈四角方型，四邊的屋簷各自延伸，形成「傘蓋」樣外，同時屋子底部結構以「架高」來防潮、防蟲，在後方臨庭園的部份則是一整排「落地窗」設計，方便從室內欣賞。

　　整個庭院雖然不是花木扶疏，但是規劃得井然有序，假山、小橋流水，日式宮燈、路燈，園內修剪精緻的松樹，和外圍牆邊種植的高大樹木呈現有趣的對比。

這棟和式建築，雖屬官舍性質，相關記載卻不多，見諸文獻的更少，一般人更遑論對它有所了解與認識了。

台東地方耆宿陳金榮老先生，從日治時期就在縣府服務到退休，對於官舍的印象也不是很多，不過當中發生的幾件事倒頗值得一提。

官長廳舍大約建於八十年前，原來的位置在附近的縣警局所在，之後才改在現址，二分地的面積，先後住過十任台東廳長。

日治時代民風純樸，一般民眾對官員都存有敬畏感，因此就算官舍大門是採全天候敞開，沒設置警衛，也無安全上的顧慮。

陳金榮特別提到：在這十位台東廳長中，目前尚與台東地方保持聯繫的是第五任廳長「魯一」的兒子，名叫「兒玉二郎」，他是在官舍出生長大、回日本後當到高中校長退休，現居住濱松市。

「兒玉二郎」是「日本台東會」的成員，與陳金榮他們這些老朋友還保持密切的聯繫，時常電話、書信往返，在每年開過年會後，也常抽空回到台東來懷舊。

戰後，官舍改為「縣長公館」，第一任官派台東縣長謝真曾經暫居住過。到了第二任黃式鴻縣長就職期間，約在二二八事件結束，當時著名的湯恩伯上將，到台東來，看到了這棟「公館」極為中意，乃向黃式鴻提出要搬到公館住的意願。

陳金榮說：他參與過縣長公館搬家的工作，還親自將黃縣長的個人家私打包，移至他處。但是這次新主人只住了一個星期，一禮拜之後，不知為了什麼原因，湯恩伯一家就離開台東。

另外在民選的台東縣長時期，吳金玉擔任縣長時曾在庭園內飼養一對梅花鹿，添增許多情趣，而一九五二年胡適博士到台東訪問，所投宿的地點就是縣長公館。黃鏡峰縣長則曾在官舍靠縣府邊巷部分，加蓋了一棟木造平房，蔣聖愛縣長將之改建為西式水泥洋房，有別於整棟和式建築風格。

到了鄭烈縣長時期，因為縣府位於市區中心，附近缺乏腹地，停車不易，曾經構想將「縣長公館」留下廿坪，其餘土地興建停車場或蓋國宅。

惟該計畫並未受到地方支持，議會也以「縣長公館」有紀念性價值，不宜輕易廢除，否決了這項提案，讓這棟後山地區僅有的一座和式庭園建築得以留存下來，供後世印證。

從日治時期的10任廳長，到戰後的官派縣長謝真、黃式鴻，民選縣長依序為陳振忠、吳金玉、黃拓榮、黃順興、黃鏡峰、蔣聖愛、鄭烈，到現任的陳建年，剛巧也是正好10位。這廿位廳、縣長及湯恩伯將軍、胡適博士都「進駐」過該棟「和式庭園」，掌握著台東的整個中樞，意義不凡。

▲ 台東縣長公館。

「客和式」古厝
——建和劉家大院

▲ 建和劉家大院。

昭和九（一九三四）年間，位台東建和的「彭城堂」劉氏家族正重修建新厝，讓劉家受寵若驚的是，當時台東廳長及許多官員竟然親自督工，同時派了許多公差協助整理，無論屋舍與四週草地一草一木都以日式的嚴格標準來處理。

提起劉家在建和里可是一大家族，幾乎無人不知他們是日治時代與戰後當地的首富，劉家最昌盛時期親屬共有廿餘人，尚不包括一批僱工在內，吃住都在劉家，他們是為劉家種田的長工，而劉家的水田就多達廿餘甲，其規模不難想像。

劉家的新厝蓋好後煥然一新，這棟新式建築迄今後山地區難尋第二棟，它融合了客家與日式，內涵感覺很精緻細膩且乾淨。

新厝是「四合院」式，包括正廳，兩邊各三間廂房，左右護龍各三房，前廳則是五房；中間為天井，完全是一大戶家族的建築模式。

屋舍屋頂是採油布加上柏油沙粒，樑柱為木頭，牆壁為整面三合土，與傳統不同的地方在於，加開了很多扇窗戶，同時窗面設計十分別緻，增加了許多明亮感。

劉家四合院就以此棟獨特的建築聲名

傳開來，據說興建期中有日本建築師的加入意見，才形成「客、日合璧」的模樣，屋子興建據說是花費日本錢二千五百至三千元之間。

當完成後不久，日本「台灣農家視察團」，由皇室指派的「欽差大臣」便到「劉家四合院」來實地巡察，這段往事，劉家的第十九代劉南晉當年雖然年紀僅八歲，但是印象十分深刻。

劉南晉說：「欽差」是一名日本海軍中將，當時難得見到如此大的日本軍官，為了迎接「欽差」來臨，屋前的馬路早已排滿了日本警察、憲兵，現場管制得連豬、狗都不能隨意走動。

劉南晉表示：「欽差」抵達後，威風十足地念了日皇的「聖旨」——手喻令，大意是歌頌日本偉大，關心台灣農家生活等；隨後一一察看，鉅細靡遺，看正廳、房間、天井，甚至豬舍。劉南晉說：他們養了四隻二百斤以上的大豬，附近農家無人能比。

事後劉家才恍然大悟，為了日本欽差要來，台東廳早在一年前劉家新建四合院新厝時就積極介入，只是未打草驚蛇，事先告知是怎麼一回事罷了。

劉南晉提到：這一趟「台灣農家視察」，後山地區僅挑中兩家，一在馬蘭部落黃忠（後來擔任原住民國代）家，代表原住民住宅，另外就是劉家四合院了，他說：這是無上光榮的事。

劉家四合院在戰後，因為前來接收的部隊占去了前廳暫時駐紮在當地，遭到破壞，事後劉家便拆除整個前棟建築。另外由於颱風的侵襲吹翻屋頂，把原本油紙屋頂改換成鐵皮，至於屋內的擺設也由「和式」改為客家人慣用的方式。

現在「彭城堂」剩下三戶留在老厝，其餘的均分出去各自開創家業，每年清明節家族無論距離多遠，皆會聚集在一起掃墓；在苗栗銅鑼的祖厝宗親也會返回廣東省去祭掃先祖，追溯起來可以接卜一百五十九世，劉家的族譜也十分完備了，子孫龐大，亦不乏傑出的後世子孫。

▲劉家大院。

老
曆 11 故
事

後山的氣象觀測網
──台東氣象站

▲ **台東測候所老照片**。（出自《東台灣展望》）

　　台灣氣象站最多的地區在後山，因為台東是颱風光臨寶島時的前哨站，同時有蘭嶼島的優勢地理位置，在日治時期，就被日人用來做為「南進」菲律賓的軍氣象測候站。

　　氣象局台東氣象站位於台東市大同路靠近海邊處，它最明顯的地方是突出高大呈長方形的「風力塔」及前庭四、五棵生長得茂盛的大黑松樹，在東縣所有機關當中，環境與景觀堪稱最清幽怡人。

　　「風力塔」雖然外觀上看起來頗新，但是它已經稱得上「百齡建築」，它興建於日治時代明治卅三（一九○○）年，算起來今年是九十四歲。

　　日本人設立該氣象站是極為慎重，除了引進日本國內最先進的氣象儀器外，還考慮到每年颱風季節侵襲本省，台東總是首當其衝，為了更精確掌握颱風動態，更陸續在當時的台東廳轄區設立了大武、成功、蘭嶼等三個氣象站，奠下了今日台灣東南部完整的氣象觀測網。

　　進入氣象局服務已經卅餘年，且其待過的氣象單位皆在東部：台東、大武、花蓮、蘭嶼，又回到台東的現任氣象站主任王維新，對台東的氣象歷史瞭若指掌。他

指出：氣象儀器日新月異，進展快速，目前台東氣象站內儀器也幾乎全數自動化，但是日本人當初留下來的儀器，有的還很管用，只是機械式的儀器，需要更多的人工去輔助與測算。

氣候觀測的三項儀器；「福丁式」氣壓計、溫度計與風速計，以前者氣壓計為例，現今已改成「空盒氣壓計」，體積小得很多，精確度也提昇；但是由「福丁式」氣壓計所測出的結果，往往還具有重要的參考價值。

台東氣象站內還有一件「古董」級的寶貝，夠資格進入博物館去典藏，即「衛赫式」地震儀，這是日本人發明的地震觀測儀器。

「衛赫式」地震儀分為三組，依震波來源有南北、東西或上下震動的觀測器，另外還有「強震器」，預備碰上強烈地震所需。

王維新表示：該儀器對地震「震央」、「震源」等十分準確，但由於是機械式，需以人工來測算，且時間的掌握需時時刻刻注意，薰煙刻度也較易模糊弄髒，這是比較不方便的地方。

地震儀在台東氣象站使用已邁入第三代，包括「電磁式」與新式的「S——三」短週期地震儀，兩者都依方位不同設計了整套儀器，後者更是連線到將地震震波直接傳送到台北地震中心。

「衛赫式」地震儀於一九八六年停止使用，「電磁式」地震儀則配合「S——三」來應用，主要是它可以傳送震波讀數，由紙張傳送出來，當成該站觀測的記錄。

台東氣象站從上到下現有職員人數總共十一位，與當初日治時期的編制相差不多。往昔操作機械式儀器，花費的人力較多，現在則因為電腦化，氣象觀測氣候都改為自動記錄，節省了不少人力。

不過日人對氣象站的開發與設置，背後都隱約地可看出強烈的「企圖」與「野心」；王維新待過蘭嶼，他說蘭嶼氣象站海拔高度三百公尺，興建於一九四○年，以那個年代，日本人對蘭嶼採取阻隔措施，不讓外界輕易接近，但是為了建氣象站，千里迢迢以海運運送當時稀有的水泥及砂石、建材到蘭嶼，再強迫雅美人背上山構築。

蘭嶼氣象站的廳舍牆壁厚度達一尺四，比其他氣象站的建築厚度都來得大。而蘭嶼島位於東南部沿海，接近菲律賓，該地區對天氣預報有相當好的價值，尤其是颱風來襲時，蘭嶼站所提供的資料更形重要。

王維新說：日本人將蘭嶼氣象站配合軍事用途，當成「南進」的前哨站，也因為這層「戰略價值」，二次大戰中，經過數次修復，現在還留有一間屋頂，損害痕跡鮮明，可供憑弔。

▲ 台東測候所。

公共澡堂文化的見證
——寶湯

▲ 寶湯舊景與創辦人歐清泉夫婦。（歐德成提供）

台東縣的「公共澡堂文化」一直到一九七〇年代才絕跡，目前僅存台東市寶桑路的一家「寶桑浴室」建築。

老一輩的人都稱「寶桑浴室」叫「寶湯」，「寶湯」建於一九三六年，是由高雄縣茄定地區移民到後山來的歐清泉所創建。

歐清泉從事製作豆腐生意，日本人嗜好嘗豆腐，因此歐清泉與居住於後山的日人交情匪淺，靠著天生勤奮的能耐加上這層因素，歐清泉很快地成為移民致富的典型——擁有不少土地與事業。

歐家的第二代歐德成目前已從教育界退休，他記憶中現今的台東市福建路、寶桑路交叉口地帶，四個角落中有三角落是他們歐家的。

歐德成說：台東人印象深刻的台東劇場，土地就是其父親聽從日本人的建議，以十分低廉的價格賣給賴家去蓋電影院，理由是當年附近一片荒蕪，興建電影院可以帶來人潮，促進繁榮。

這個說法並沒有錯，台東劇場周圍曾經是二次大戰前後台東市區最熱鬧地區。

歐清泉接著在鄰近地點土地上，把菜園闢建為「寶湯」——一棟二層洋樓建築

的公共浴室，這也是日本人極喜愛的一種嗜好。

「寶湯」成立後，生意一直相當鼎盛；樓上做爲住家，樓下的澡堂則以木板牆隔開，左邊是「男湯」，右邊則是「女湯」，每個池子約有三坪大，同時可容納十幾二十人泡浴。

歐德成表示：池內熱水當年是以木屑、土炭、甚至以粗糠爲燃料，再以蒸氣促使冷水變成熱水，每天下午二時開始供應到夜間十時。

泡這種大眾水池是一種極高的享受，不限時間的營業也成爲當年民眾的社交場合和生活中的一部分。衍生出來的「公共澡堂文化」與時下日本澡堂有一脈相承的模式。

以往的泡浴習慣會先在水龍頭前蹲坐，以肥皂洗淨身體，然後拿條白毛巾遮住下體，再慢慢地滑入浴池內。

歐德成表示：公共澡堂是一處莊嚴的地方，來此洗澡的民眾也很守規矩，不曾發生過「越牆」去偷窺他人的情事。

歐德成小時候常看見在台東唯一的一個日本憲兵，騎著馬到「寶湯」前面來巡視，把這帶區域當成重要的公共場所。

一九五〇、六〇年代是「寶湯」的黃金時期，主要是因爲當時的生活環境差，一般民眾沒有自己的浴室，所以常到公共浴室來洗澡，公共澡堂文化最興盛時期，至少有三、四家這類澡堂。只不過它們的開業營運，都沒有「寶湯」來得有歷史。

一九六〇、七〇年間，家家戶戶較現代的房子陸續出現後，「寶湯」的生意開始走下坡，歐德成說：在這時也有一項經營公共浴室的致命傷，即是人們開始不重視公共衛生的壞習慣。許多人進浴池泡澡，甚至於就在內清洗身體，以往七、八個小時下來，水池仍很清澈，此時卻二、三小時便混濁不堪，老顧客都紛紛被嚇跑。

時代改變，「寶湯」也隨著調整，公共浴室後來也區分一部分以單獨隔間來提供給顧客使用，但是「惡質的澡堂習慣」才是該行業的終結者。

一九七〇年，更名爲「寶桑浴室」的「寶湯」正式劃下休止符，後山的公共浴室終於絕跡。現在這棟曾經顯赫一時的「寶湯」已經改頭換面，租給他人開設店鋪。留下來的「寶桑浴室」招牌，偶而會讓路人引起好奇的眼光，不過很多人已經不知道這段歷史了。

山海秘境

後山自然風光中有

原住民族群素樸的特質，

也有外來族群的文化衝擊與融合，

這樣豐富的自然人文內涵，

有待我們發掘和珍藏。

山海 秘境
1

布農族的離婚橋——天龍橋

▲ 天龍橋下。

南橫山區的利稻有一座「離婚橋」，建造這座吊橋的是日治時期的日本警察，當年他們是後山原住民部落的最高統治者。

利稻部落的布農族原住民流傳著一段有關這座橋的傳說：日治時期一位日本警察被派到偏僻又地勢險峻的台東縣南橫山區，他從日本帶著太太前來履新，但是到了天龍吊橋時，太太站著不再向前走，日本警察說，不敢跟他過去就離婚！太太終究不願過來，他們也就在橋上分手。因此布農族人便稱「天龍吊橋」為「離婚橋」。

曾在日治台東廳擔任公務員的地方耆老陳金榮表示，日本人治理山地部落，是以另一種「國度」的制度來管理，稱作「理蕃區域」，有別於一般行政區域。

而日制警察分成兩類，第一類是由台北艋舺警察訓練所，培育出來的巡官以上高級幹部，第二類警察訓練是當地培育，由後山的台東廳警察訓練所負責，舊址在縣府前的台灣銀行。陳金榮說，本地所養成的警察多數是原住民，將來也大都分發至山地部落。

在「理蕃區域」內，日本警察代表法律及一切事務是有原因的；以教育而言，駐在所警察兼教師，在部落中設立「蕃童教育所」，教科書與平地不同（區分三種

【群獸相鬥地——利稻】

初上南橫看見群山環抱的利稻，一個在台地上靜靜輝映著橘紅色漆屋瓦的部落，你一定會為著它的絕塵之美而感動，這是南橫最美的據點，可也是「群獸相鬥」的化外之地。

利稻在世居的布農族語中稱為「利杜」，過去就有族人散居在當地，靠著狩獵和種植小米、玉米維生，利稻村真正聚居為大村落是直到一九七一年間南橫公路開闢前後，他們協助公路工程搬運和施工，同時外來平地人到此推展種植高冷蔬菜、茶葉等，生活有了改善。救國團接著在此地設立利稻山莊，形成今日布農族和漢人雜居局面。

在不多的漢人裡面，有一位頗受當地居民尊敬的國小退休教師王秀廷，現年六十八歲（一九九七年），他在利稻國小教了三十多年書，同時也在當地定居下來，於利稻山莊旁蓋了一棟水泥木造二層樓房，取了一個「野農山莊」的名號。

王秀廷於一九七〇年的一個夜晚，他和前海端鄉代會主席劉亞東沿著社區小路散步，當晚月色濛朧且帶著一些霧氣，他回頭看到村落上方的山形，像是一隻活靈活現的老虎，虎頭正面對著利稻村落，十分神氣威風，而公路正好從張開的嘴巴切過。

這項發現立刻傳遍全村，連外人都好奇地到當地來觀看，大家都對這座「虎山」的神奇感到不可思議；王秀廷說，由於四面環山，村落房子座向的後方山勢，也如同一隻大象，鼻子垂下來的山脈正好也靠著村子下端，如果站在摩天方向觀看，象形顯得微妙微肖。

一九七六年間，一名來自香港的出家人到利稻來勘查地形，見到山勢就說是像一頭象，他親自到「象山」的土地上住了幾天，同時四處向村人打探，如何可以買到山下的兩分地，他願意以七十萬來買下「象山」鼻下土地。王秀廷說，當時的七十萬可買山下一甲多水田，但是因為屬於山地保留地無法賣給外人，因而作罷。

利稻山區山巒疊起，側面的山形據說很像一座「龜山」，也有人稱是「蝙蝠」山，這麼一堆動物虎視眈眈圍顧著利稻，形成「群獸相鬥」的格局，勘輿學上認為是極險惡的地點。利稻村民心裡老是感覺到村內發生許多事故與這些「動物」有關，尤其是村民無故自殺凶死和意外死亡比例相當高，曾經有人指出，利稻村靠東方之處應該有一座廟，才能鎮壓住這些「群獸相鬥」格局，不致殃及無辜村民。

部份人說，必須要炸掉「虎山」的虎頭，才可能制止不幸流傳，但是一旦開炸，恐怕全村都要遭到巨石活埋，更不可行。最後大家開會商議，採取折衷作法引用漢人的道家信仰，特別從台中聘請師父到當地作法，並且在村內商店旁設立了一尊「四面佛」像，以庇護村民平安。

教科書，分別是平地公學校、混合平地、山地區域與山地部落等三類），唸到四年後，若要繼續讀書需轉到平地公學校念五年級。

陳金榮表示，山地部落警察也要兼辦行政工作與地方建設，例如開闢馬路、造橋等事務，因此有的被稱做「鐵線橋的警察」。像天龍吊橋就是其中重要例證。直到今天從天龍吊橋的左側山壁上還可以看到當初日本人留下來的簡單碑石，上端刻著「工事人員」包括「後村助吉」等十一人，另外「外警手」卅名。

這塊簡單的碑石，也是目前後山地區極少數還殘留下來日治時期的碑石，不難看出其中的非凡意義，雖然吊橋工程並不是規模最大或最長的橋樑，但是它建立在叢山峻嶺間，跨越過深塹的霧鹿峽谷，遠在五、六十年前，其工程的艱辛，更非以現代眼光所能想像。

生長在當地的布農族人胡金娘，她形容小時候對「天龍吊橋」的印象，橋身是傾斜的像一邊高掛在樹上，上面的橫木也不多，稍一不慎便會踩空。人走在橋上搖搖晃晃，好像隨時都會斷掉，掉落到山谷去。

胡金娘說，那時候布農族人經常要從利稻步行到對山去工作，採取可以染色做為織布用的樹皮纖維，將種植的玉米、紅豆等採收以背簍背下山來販賣。原來僅一次容三人通過的吊橋，加上農作物重量，很容易就負擔過重而翻覆。

這條關係著利稻地區布農族人經濟命脈的吊橋，對族人而言有特別的紀念涵意，同時具備有觀光價值。因此胡金娘說，她數次建議，終於在一九八〇年間，政府加以改建，重新油漆，並闢建了登山步道，方便兩地交通與外人赴當地憑弔。

◀ 天龍橋。
▲ 天龍橋旁的碑石，記載著工事人員的姓名。

布農大力士的故鄉——埡口

▲埡口瑞雪。

海拔二千‧七百公尺高的埡口,沈浸在一片浩瀚的白色雲海裡,古木參天,山勢陡峭,峰峰相連。每當冬季,在大關山隧道附近的雪景,更在亞熱帶地區的台灣南部堪稱一絕。

埡口在過去是傳統布農族的獵場。在中央山脈的廣袤原始森林中,有無數的山鹿、山羊等野生動物在林中漫步、覓食,族人通常組成狩獵隊,攜帶土獵狗上山,以傳統的弓箭、陷阱來獵取野獸,當射中野獸之後,獵狗便會主動去追擊,待野獸受傷力竭倒地,獵狗就會將獵物咬回。

海端鄉布農族老一輩族人余加進提到,古老時期布農族人相傳天上有兩個太陽,把大地曬得乾旱無法種植小米作物,人們也無水可喝,在生存危急之刻,長老會商派遣部落裡的神射手父子到山上去射下一個太陽,以解決烈日高掛,恐加害蒼生的危機。

神射手父子約定在隔年小米收穫時節返回部落。但是當他們歷經千辛萬苦爬上了綿長的高山山頭時,兒子已經累得無力拉弓,父親則勉強使力,射中其中一個太陽,然而因為力道不夠,太陽並未掉落,只是光芒減弱許多,最後成為月亮。而另一個太陽則畏懼地躲入雲海層層之中,每天遲遲才肯出現。

在埡口觀雲海、日出,確實有這種感

覺。每當清晨天將破曉，四周雲霧裊繞，籠罩在樹木、房舍、山脈、草地，火熱的太陽才姍姍地從雲層中跳出來，此情此景和布農族傳說不謀而合。

埡口這塊秘境在南橫公路開通後，得以呈現在大家面前，但是在公路開闢時的艱辛外人實在難以體會，一九六八年七月動工的南橫公路，總共動支了五億新台幣，到一九七二年完成，而在一九七〇年興築到埡口時，大關山隧道的施工是完工的關鍵，主要在於陡峭接近垂直的山壁無法攀爬，若非有布農族「大力士」的參與，恐怕沒有今日的便捷。

在利稻國小教了三十多年書的退休老師王秀廷說，負責施工的榮工處曾經請了許多當地布農族人來搬運器材或物品，但是到大關山隧道時幾乎無「兵」可用——現場沒有一個人有辦法背負一台發電機爬上山壁，施工人員只得以重賞來鼓勵布農族人嘗試，獎金一再提高到五千元一趟。

當時有一位布農族年輕人名叫「余和平」，他自告奮勇地接受了這項「不可能的任務」，背著超過百公斤的發電機，攀爬上幾近垂直的山壁，同時走了八百公尺左右。

布農族人在山區負重背載物品可以徒步如飛，但是余和平的「神力」更讓人驚訝，王秀廷說，余和平最高的背負能力可以背上二百五十公斤，著實可稱為「大力士」。另外他家族成員中的一位姊夫「胡振通」也是一位大力士，可以背負一、兩百公斤的物品。

王秀廷說，當時布農族人背一公斤重的物品可領十三元，一天每人平均可領到七十元，每星期結算一次，由於開路所帶來的獲益大於農作之外的經濟利益，族人皆視為是一項額外收入，不少人勤勞節儉，存下來做為改建房舍的基金，今天利稻村許多房舍就是因此改建完成的。但是也有例外，他舉邱姓一家七口處理這筆血汗錢，以比較瀟灑的方式，每一星期結算下來，一家人可實領一萬多元，他們立刻從利稻僱請計程車，載滿全家老少下山大肆採購、玩樂一番。

王秀廷說，有一次初來檢查哨警員攔車下來查看，發現邱家總計九人連同司機共計十人，擠進計程車內下山，連後行旅箱內都塞了三人，由於南橫缺少交通工具，員警深知族人辛苦，所以也不忍心將之取締處罰，僅告誡了事，留下了該段插曲為後人津津樂道。

水墨山水——利吉惡地形

▲ 利吉惡地形。

　　卑南大溪彎延縱走流過花東縱谷鄉鎮，到達台東市郊富源山，下游接近出海口處呈現一片「惡地形」，成爲台灣珍貴的地質國寶。而根據卑南族的傳說，此自然美景是靠著卑南族巫師和飛毛腿族人的努力，好不容易引導溪水經過，才創造出的巧奪天工大自然傑作。

　　卑南溪是台東縣重要河川，依山傍河的山勢十分雄偉、壯麗，而近處的富源山則是卑南族南王部落的傳統獵場，每年獵季來臨，族人皆活躍於山區。

　　但在近代歷史上，卑南溪卻是一條不溫馴的大河，曾經數次改變河道，造成氾濫、淹沒了良田、房舍，一九五〇、六〇年代還將著名的台東大橋沖毀，讓人記憶深刻。

　　卑南溪的氾濫與河道改換在卑南族的傳說中另有說法。據卑南族長老「大利台」說，卑南族居住部落在以前缺乏水源，族人要取水一定要到很遠的地方去取，相當不便。有一次一名族人到富源山獵場去狩獵，發現獵狗全身毛髮濕透，乃循著足跡去尋找，最後在山區內發現了一個大湖泊。

　　部落長老們聽說了這個大湖泊非常高興，認爲如果能將水導引到部落來，那用水就方便多了，同時多餘的水可供農作田園使用，讓族人年年豐收，也不必經常爲

灌溉水發愁。

族人於是請來了法力最高強的巫師「杜巴」來向上天祈禱，希望上蒼指示如何去實行引水灌溉，上蒼十分疼惜族人，要求找一個全部落跑得最快的人來導水，結果長老們決定由「杜古比斯」來擔任導水任務。

巫師「杜巴」與飛毛腿「杜古比斯」兩人隨後到鸞山與嘉豐之間的山上去祈求，「杜巴」一面作法，一面以腳猛踢山壁，頃刻間山壁裂開，大水一湧而出。「杜古比斯」趕緊跑在大水前頭，將水帶到太平洋海邊，順利出海。

當卑南大溪流經部落外圍，為族人農田帶來充沛的水量，農作物獲得灌溉，年年豐收，族人正在高興之餘，颱風季節來臨，河水氾濫淹沒部落；長老們再度請來「杜巴」巫師，把河流導向流經岩灣附近出海。

不過改道仍舊未替族人帶來安全保障，颱風洪水一如往昔肆虐，更多農田、作物受到災害，巫師第三次施法，才把卑南大溪引入現今的富源山下出海，同時流經富源山壁，造成了利吉山區的崎嶇山壁，也形成了蔚為奇觀的「月世界」，而洪水從此也不再威脅部落了。

被稱為「惡地形」的卑南大溪利吉山壁，位於卑南鄉加路蘭村，事實上根據地質學家的考證，花東海岸山脈為菲律賓海洋板塊前緣向西擠壓歐亞大陸板塊而拱起的褶皺斷帶，其構成的岩層包括由老而新的奇美層、都巒山層、大港口層、利吉層、卑南山層等，而利吉層的堆積年代約在新世紀中期以後，它分布範圍沿海岸山脈西側向北延伸，南北長七十餘公里，東西寬一至三公里，當地人因其外觀崎嶇、紋理脈絡分明，像外星球的景緻，也將它稱為

台東的「月世界」，學界則以「利吉混同層」稱之。

根據調查，利吉混同層以泥質填充物為主，上覆外來岩塊，包括蛇紋岩、橄欖岩、輝長岩、輝綠岩、斜長花崗岩及玄武岩、玄武角礫岩等蛇綠岩系，另外有砂岩、少數石灰岩、礫岩、安山岩、質集石塊、頁岩、粉砂岩等為板塊互相碰撞後產物，在地質構造上具特殊意義。經濟部曾邀請國內地質學者、專家會勘過，認為如向國際地層標準剖面保存委員會提出，在經查勘核可後可晉為世界級之保留及世界級之標準地層剖面，可作為珍貴的自然科學文化資產及研究地質之良好指標。

▲ 小黃山。(陳敏輝攝)

山海祕境 4

怪石部落──忠勇村

▲忠勇村巨石庭園。

　　台東縣北端偏遠的長濱鄉，有一個村落滿地是「寶」。庭院裡、屋頂下、甚至圍牆水溝旁，都可以發現「它」的蹤跡，愛好此道的人，簡直會為這個現象搥胸頓足瘋狂莫名。

　　這個村莊的名字叫忠勇村，是東縣少數平埔族的聚落，族人歷經百十年前的長途跋涉，從台灣西半部遷移而來，這塊區域被當地阿美族人稱「加走灣」，居民為了與山坡下的長濱村有所分別，都叫忠勇村為「加走灣頭」。

　　族人說：選擇背山而居，除了有廣大的山坡地可闢作稻田外，還有一個重要因素是為了避免阿美族人的入侵，早期族人的記憶中，曾和阿美族人發生過數次族群戰爭。

　　「加走灣頭」的平埔人是溫和善良的，長久來默默地耕作，僅供家人維生餬口。由於地理環境影響，居民多半是勤苦、經濟能力薄弱，是以至今仍有近三分之一的民房是茅草加蓋鐵皮。

　　早在一九五六年間，考古學家宋文薰與石璋如兩位教授就在忠勇村發現規模龐大的史前遺址，這些屬於新石器時代的「麒麟文化」，年代在西元前三、四千年，最明顯的遺物是一塊塊的單石與石輪。

　　考古界用「有肩單石」即有凸起狀的石塊，與「帶槽單石」有凹陷的石塊來區

分，一般人則直接稱作「陰陽石」，以簡單的性別差異，比喻石塊造型的不同。這種俗稱，考古學家極不以爲然。

至於單石爲何數量如此龐大？其用途爲何？直到今天考古學家仍然未能尋獲相關的物證來佐證其正確的作用，只能推測與「宗教祭祀」有關。

但是「加走灣頭」的平埔族人，對這些見證歷史的珍貴寶物卻始終沒有當成一回事；部落裡現年四十五歲的曾清雲說：從小他就眼見這些帶有奇形怪狀的石頭，房屋周圍都是，見怪不怪，也從不去理它。

曾清雲的祖父與父親輩當年居住茅屋，屋頂無法抵住夏季強烈的颱風，就用石輪（當中有穿孔的石頭）來吊住鐵絲，使屋頂增加重量，以防被風颳起。

三年前曾清雲蓋了瓦房，並且將庭院重新以水泥砌上，不少單石就被當作地基或者圍牆的基礎，統統被水泥蓋住，不見天日。

曾清雲說：「那麼重的石頭，誰願意搬來搬去，乾脆就地取材！」他還提到早幾年，台北的學術機關來向他要，他還慷慨地免費讓他們搬走了一卡車。

五十多歲（一九九四年）的羅士松把單石用來佈置庭院，當成入口花園的矮牆，裡面種些小花草，單石則是沿路排列，成爲一幅幽雅的畫面。

羅士松的家人說：這些石頭是從後面的小山丘上撿拾回來的，山上多的是，當時是感覺到石頭有「奇怪的造形」，因此每天工作回來，就搬一些下來，慢慢地把它們佈置在庭園中，點綴生活情趣。

從屏東搬來的涂義雄對石頭就有獨特的喜好，家裡庭院不但以幾步距離用水泥塑一塊立石來標榜「愛石」；同時廣場上還保留一塊大石頭，他說形狀像台灣島，

只不過日前不慎台灣尾被敲壞了。

涂義雄的家裡的「單石」前前後後一大堆，從來也沒有去數過究竟有多少，而且埋在土裡的也很多，他還沒空去整理。

涂義雄表示：有人看了這些奇怪的石頭留連忘返，並且常來欣賞，他卻每天看了一點感覺也沒有，不過別人要觀看，他都十分歡迎。

忠勇部落就是這麼樣「處處是寶」，甚至連社區排水溝旁，仔細一看，就可以看到，那是帶槽單石，讓外來人士驚羨不已，恨不得把它搬回家去珍藏。

而在忠勇的平埔族人眼裡，雖然聽很多人講是一塊塊的寶物，但是再怎麼看，它仍舊還是一塊沒有用的石頭罷了，不值得大驚小怪。

▲忠勇部落以巨石充當圍牆。
▶忠勇部落處處可見巨石。

靈蛇修鍊地——金針山

▲ 金針花開。(孫守仁攝)

在海拔二千五百公尺高的金針山上，山頭上常年晨昏籠罩在雲霧中，雲深不知處中躲著一條千年靈蛇，於天然霧洞中修鍊。靈蛇的吞雲吐霧不爲人所見，居民們卻相信它爲當地帶來大筆財富，無論是過去出產的農產品金針或現代的高山茶，皆拜其所賜。

千年靈蛇究竟有多大沒有人眞正完整看過，只在一九九二年金針採收期曾經驚鴻一瞥，被一群小朋友們無意中撞見，以爲是「怪物」出沒。這群排灣族小朋友來自多良部落，他們利用暑假到金針山打工，採收金針以賺取零用錢，當天傍晚收工後，一行人欲返回住處在半途中因爲走累了，見到地上一棵大約一尺半粗的木頭，幾個人便坐上去休息。

當大家坐好之際，突然感覺到木頭正在緩緩蠕動，小朋友們驚嚇地紛紛跳下來，昏暗之中發現到是一條巨蛇的身軀，徐徐地向草叢中滑行，看得大家膽子都快嚇破了，才曉得拔腿逃跑；待向大人報告後前來，巨蛇已經消失無蹤。

這是金針山財富的創始者李盈源津津樂道的一件往事，他相信這條巨蛇就是傳說中的「靈蛇」，因爲在他居住的金針山區海拔一千公尺住處附近的山壁上有一個天然霧洞，他觀察了數十年，發現到霧洞口在一天二十四小時當中，不論白天或夜

晚，必定有一個時候會徐徐吐出白霧，裊繞許久之後，又緩緩地收回霧氣。

李盈源說，當地海拔高，雲霧瀰漫、日夜溫差極大，適合千年靈蛇在天然霧洞中修鍊，他明白天然靈洞十分神秘，山壁陡峭無法攀爬，雖然曾有一次爬高到稍近距離觀看，但是洞內深不可測，此後就沒有再去察看過。

李盈源算得上是近代開創金針山的重要人物。一九六三年五月，他與兄長李明忠從嘉義梅山移居後山開墾，見當地氣候、海拔極適宜種植金針，乃從故鄉取植栽種植五十甲，四年後收成，每甲可收四百斤，是金針山第一次有金針出現。當年台東金針打進本省市場，同時也打破了僅梅山地區每年栽種五、六百斤的市場壟斷局面。

至此金針山的輝煌時期降臨，一九八○年間已擴充達到將近千公頃以上，李盈源首先引進的本土種苗「黃花黑蕊種」迄今也經過三十多次的改良，目前則以黃色「雪針」品種最為優良，而這也是十五年前研發出來的。

金針山出產的金針一度在國內市場佔有率達到百分之七十，並且由金針山取樣的品種還推廣至高雄六龜、南投埔里、花蓮玉里和本地的知本溫泉、北里、金崙、長濱等地。鼎盛時山區共計居住有一百多戶人家，採收期更盛，整座山有幾千人同時在工作。

李盈源當年和兄長到太麻里開闢金針園，無人知曉，僅當地士紳蔡鳳考願意出資，到後來的繁榮景況，金針農個個擁有華屋美廈羨煞了多少鄉人。可惜在一九八六年以後，受到中國進口金針的打擊，際遇每下愈況，部份農戶改種茶葉，由於地質、氣候條件優異，金針山上生產的茶葉香味怡人、喉韻絕佳很快地在市場上打響知名度。一九九一年邀請當時從內政部長卸任的吳伯雄前來命名，以「太峰高山茶」之名列入本省著名茶區之林。

金針山區景觀秀麗，在山上可以縱目觀賞東海岸最美的日出景緻，尤其是當旭日從蘭嶼、綠島海面躍出，像一團火球閃爍著火焰般的金色光芒時，大自然的美景，令人讚嘆。今天它已經是觀賞日出及賞金針的最佳去處，想像滿山遍地金黃色閃光的金針花迎風搖曳的美景，實在是人間勝地，同時想到靈蛇庇佑讓居民生財的傳說，不禁感受到傳說背後單純的信仰和溫馨。

▲ 金針花。（孫守仁攝）

大龍魚的故鄉
——池上大坡池

▲ 大坡池水域大半成爲稻田。

　　池上鄉因大坡池而豐美，大坡池也是池上鄉民的「生命泉源」，有大坡池的灌溉，池上鄉才得以生產名聞全國的池上米，而關於大坡池的形成，有一個「大龍魚」的傳說。

　　相傳在五百多年前，池上地區靠近新武呂溪附近，有一隻「大龍魚」，每到月圓時分就會出現，「大龍魚」興風作浪，翻起萬丈波濤，讓溪水氾濫到岸上土地，淹沒了大片土地，同時也流入池上境內低窪地帶，形成一個大池塘，從此大池塘就存在當地，以它源源不斷的泉水滋養大地，逐漸造成這片富饒的土地。

　　現今住在大坡池旁九十幾歲以上的阿美族老者談起這一段頗有趣味的傳說，曾提到「大龍魚」在過去還會時常在月圓時浮出水面，但是好像它已經找到自己的落腳處，也不再興風作浪，最後「大龍魚」變成一條龍，躺在今天的萬安山。村人說，萬安山形狀像一條龍，最高山峯是龍頭，萬安村在中間低地處，當地萬安村往昔就稱爲「龍仔尾」，意思即龍的尾巴處。

　　阿美族人對「大龍魚」也不再懼怕，現今在萬安村安居樂業，種植稻米，生活過得舒適，至於它的故事在年輕一代中已

【池上米是便當業者的最愛】

池上米馳名東瀛，曾經是給日本天皇的「貢品」，現在日本人屢屢要求進口池上米，但是近幾年來國內市場供不應求，沒有餘糧供應。

池上米成名得甚早，在日治時期「臺灣總督府」曾經從日本引進「蓬萊」品種，於全臺各地試種，然後加以評鑑，結果發現在當時日本人，於一九一五年有計畫移民到後山的「處女地」池上所種出來的米特別香，不輸於日本自行種植的稻米。

當時的「總督府」乃特別選定一袋「池上米」，做為進貢給天皇的貢品，沒料到此舉為「池上米」打開了近百年的輝煌歲月且至今持續不墜。

自此，「池上米」每年有二季按時由總督府送達日本皇宮，分別為七月份與十二月份。池上米的聲名迅速上揚，連帶地以池上米做成的便當，也受到過往旅客的歡迎。

花東線鐵路興建完成後，池上位於沿線中站，許多旅客習慣在列車進站後，從窗口叫一個便當裹腹，有的則是捱餓，等到了池上才叫便當。

池上所製作的便當，包裝盒為木片製，一打開來香噴噴的味道讓人胃口大開。因此生意鼎盛，小販在池上站月台邊叫賣便當的景緻更令人印象深刻。

這是花東線鐵路還是輕窄軌道時池上站繁榮的情形，就算是戰後迄今，在池上站販賣便當和到當地吃一個道地的池上便當都很盛行。

池上鄉農會總幹事吳清吉說：池上地區所生產的米為何好吃，主要有數項原因促成，第一是土壤適合，由於池上的地理位置處於海岸山脈與中央山脈之間，由海岸山脈所沖刷下來的「重黏土」（青灰岩）日積月累結果，土壤中蘊育豐富的礦物質。

第二，池上氣候日夜溫差大，為稻米的成長期提供重要的「聚合」作用。第三，池上地區稻田的灌溉用水，直接引用新武呂溪水，這條溪清澈無任何污染，且灌溉水第一站就是池上。

此外，池上地區沒有工廠，沒有工業、空氣污染，加上水質、土壤均佳，所生產的米當然好吃。

池上米業者梁振賢則說：池上地區海拔三百公尺，同時受到兩邊山脈阻隔，日照時間短，氣候較冷，日夜溫差大，稻子

▲池上稻田。（鄭期武攝）

成長期因而較長，夜間的「同化」現象也大，使得稻穀有能力「聚醣」，因此煮起來特別香甜。

吳清吉提到：池上米之所以能維持高品質，其實幕後功臣台東農改場的不斷研究，採取新品種，供農友種植才是最重要的。

目前池上米所使用的品種，大致上爲三種：一爲「臺梗二號」，它的口感香、Q，另外「高雄一三九號」則米質較軟，是便當業者的最愛。至於「越光品種」是日本原種米，引進來栽種後，煮起來特別香，很受到消費者歡迎。

吳清吉表示：有一次他發現「越光品種」的米煮起來表層像是月亮般皎潔、有光澤，因此他突然有了靈感，將之定名爲「月光米」，這就是目前市面上最暢銷的池上米包裝。

◀大坡池老照片。
（賴黃龍提供）
▼ 大坡池今景。

不流傳。年輕輩的阿美族縣議員林光雄說，大坡池在他小時候面積曾廣達五十公頃，如果碰上颱風大水，新武呂溪水暴漲淹過來，面積更達到百公頃左右，也許這就是老一輩人傳說的來源。

大坡池早年魚蝦豐富，池面上盛產茭白筍、菱角，多得採不完，林光雄記得家人每年來挑茭白筍都挑不完，就連在田埂旁擺上阿美族傳統捕魚蝦的魚簍，一下子就可以滿載魚蝦而歸。

大坡池是池上人的生命和生活重心，鄉民在旁種植水稻，在湖水上還可以游泳、划船，當年在湖中插了許多竹竿，浮出水面，主要是讓小孩子在游泳游累了時，身旁有一枝竹竿可供抓緊休息，避免遭到溺斃。

大坡池在歲月流逝及環境改變下，水域面積逐漸縮小，澤沼區不斷地被開發做爲稻田，林光雄說，大坡池的許多湧泉仍不斷冒出，有時候在大熱天插秧，豆大汗珠如雨下，相當辛苦，但是族人一蹲下來碰上清涼的湧泉，暑意全消。

類似的經驗在池上鄉農會總幹事吳清吉的身上又有另外的說法，他曾經聽已故的前理事長張乾和談起大坡池中有一塊石頭，在端午節來臨的午時時刻會自然冒出泉水，據說這種甘涼帶有甜味的午時水可以治百病也可強身。

吳清吉說，大坡池魚蝦就是多得捉不完，其中最著名的鯉魚和鯽魚，後者更是名傳千里的「軟刺鯽魚」，味道吃來順口無以形容，用來炸的酥脆口感尤爲佳肴中的珍品，曾經給老饕們愛不絕口。

而因爲大坡池水源之故，許多鄉民在池旁養鴨，鴨子終日與水爲伍，吃食池中魚蝦，結果所產下的鴨蛋其蛋黃皆是紅心蛋黃。在一九五〇、六〇年代台東縣市面上販賣的「紅仁蛋黃」幾乎皆來自池上，消費者也知道只要是池上的鴨蛋一定是「紅仁鴨蛋」且未受任何污染，口碑相當得到肯定，受歡迎程度可以稱得上是空前絕後。

烏鴉變鳳凰——初鹿牧場

▲ 初鹿牧場。

　　名聞遐邇的初鹿牧場，風景美得像一幅歐式的風景畫，廣闊的青綠草地，徜徉的牛群，散發著一股濃烈的田野風味。

　　到此地遊覽的民眾多半慕名而來，除了享受清靜的環境外，還會親嚐一口香醇的牛乳，同樣讓人回味無窮。因此國內外達官顯貴，像前總統蔣經國、新加坡前總理李光耀，幾乎是一見傾心，牧場成了他們抒發身心的最佳去處。

　　事實上，「牧場」的名稱不是從養牛開始，早年它是「養馬」的地方，道地的「馬場」，恐怕連當地人都很少認識。

　　遷居到牧場的漢人屬周慶原家族最早，約在戰後第二年，回憶當時他僅十餘歲，跟著母親居住在牧場上，印象中牧場草長、樹木高大，根本無人居住。

　　周慶原的父親周福從彰化移居到後山來，周福留在台東街上作小生意，讓他們母子在牧場上種甘藷，周慶原說，父親不知怎麼想的，竟然買了十多匹馬，放在山上飼養，平日就讓馬在草地上放牧，夜晚則由他和母親來照料馬匹。

　　周慶原他們並不是第一個在牧場上養馬的人，早在日治時期，牧場上養了不少的馬，有專人照顧，當他們搬到牧場上時，還發現兩棟日本人留下來的木造宿舍，應是養馬人居住的地方，另外還有數間草寮，可能是當成「馬廄」用。

以牧場的閉鎖性，人煙稀少與土地廣大可能是選擇它當牧場主因，但他猜不透日本人為什麼要在當地設置養馬牧場，所飼養馬匹又送到何處？（一說是供花東地區軍警用之馬匹）或者是當成「種馬」，但都已經無法查證。

倒是有一點周慶原十分肯定，牧場上並不十分適合養馬，主要是雨水多，尤其是夏季，馬匹不習慣太濕熱，因此飼養的馬匹死去很多。

那一次後，周慶原家再沒有去養馬，牧場上養馬的事情老居民們聽聞流傳的也並不多，僅約略知道「牧場」名稱的起源是因為日本人曾經在此地養馬而得名。

現今還住在牧場上的吳木村說曾經聽父執輩說過，剛搬過來住時，牧場上還留有一大片草，馬場上還留有很多馬蹄印和一些馬口鐵裝備，可能是日本人沒有帶走的物品。

從吳木村的住家往前方望，坡度下的一大塊草原，顯得平坦同時一片綠油油的生機，這塊草地就是日本人的牧場，現在的地主在上面種植牧草，面積大約是一甲六分。

周慶原則指日本人的馬廄在現今牧場水源地的上方有另一處水源，只是水量較小。至於宿舍早已不見踪影，附近也有農家改建新式瓦房。

土銀接管初鹿牧場後，才開始引進乳牛飼養，為了推廣與帶動風氣，契約酪農因而出現。部分牧場上的農民成為養牛戶。

二、三十年前，牧場聯外道路「文泰路」尚未開闢，牧場對外的通道僅是一條崎嶇不平的山路，那時候整個牧場呈封閉狀態，數十戶人家分散在寬廣的坡地上，過著宛若人間天上的環境。

現在「初鹿牧場」聲名遠播、交通便捷，每天上山的遊客眾多，鄰近的土地狂飆得厲害。雖然居民仍然是四、五十戶，可是因賣土地致富成為千萬富翁的鄉親，已經不在少數。

時過境遷，牧場今天因養牛而名滿天下，當初被當地居民一味埋怨是塊「路草壞」的地方，沒想到也會烏鴉變成鳳凰。

▲ 初鹿牧場上馬廄遺址。
▼ 初鹿牧場。

大家一起來「做水」
——關山大圳

▲ 關山鎮全景。

　　關山大圳前身，即里壠圳，最早在一九○六年，就由西部移居來的漢人共同出資二千日圓，開設簡易埤圳引卑南大溪水源灌溉約三十公頃的關山平原農地。

　　但是當時居住在南橫山區的布農族人對日本人仇視，移居前來開墾的農戶一面擔心颱風等天然災害，一方面又畏懼於原住民的出草襲擊，損失生命，因此二年後便放棄埤圳。

　　日本政府隨後加強理蕃政策，派駐大量警察進駐南橫山區，實施高壓統治和監控手段，農民才逐漸恢復信心，開始與當地的阿美族原住民共同協商營運，推出一名「圳長」，專門管理進水口不受到阻塞和幹線維護，農民們則在收成時每甲地提供一斗稻穀做為酬勞。

　　每年颱風季節來臨，埤圳經常被洪水沖毀無法進水，這時「圳長」在當天晚上便爬上大樹上或屋頂上大喊「明天要做水喔」，通知農戶每戶出工一人攜帶刀械、畚箕等，天一亮就出發修復。工作時相當有組織，分為三組分頭進行，一組採木柴、茅草等以編製石籠、一組採石塊，再以接力方式傳回放入石籠內，另一組則負責清理、安放石籠在進水口上游。

水利專家指出，安放石籠是最古老的方法，是因河川水流不穩定，無法建造固定的建築物攔水，只好採此應變之策，老祖宗想到靠此取水，實在是高明的智慧。

台東農田水利會關山工作站指出關山老一輩農民彼此患難與共，稱得上是同甘共苦，有田大家種、有難大家分擔，像修水圳一事，不出工的農戶要受到處罰，當大家工作結束後，全體向未參加工作的農戶家，收取數倍工資的金錢當做罰款，如果沒有現金的農戶則需殺雞鴨擺桌請全體吃喝一餐來賠罪，若再拒合作的農戶，大家決議封閉其農田進水口，給予嚴厲的制裁。

戰後關山大圳灌溉工程再度修建，將原有灌溉面積由一四六八公頃擴增到下游的二千公頃，該項大工程曾使得靜默的小城突然熱鬧無比，從各地蜂湧而來的工人、退伍榮民充斥整條關山街道，市面上的雜貨店、飲食攤，甚至電影院都擠滿人潮，每到夜幕低垂，街道上更是湧進大量尋找樂趣的工人，形成一處不夜城，也創下關山鎮有史以來人口最興盛的局面。

投入這些工作血汗換來的是今天灌溉溝渠四通八達的網路，讓關山地區種植的良質米享譽各地，也使得今天在花東縱谷地帶，騎乘環鎮自行車道能享受到一大段的清涼舒暢，這些勞苦功高的幕後功臣實在值得一提。

▶關山大圳自行車道。

【關山環鎮 自行道是全國第一】

關山鎮有座全國第一的環鎮自行車道，騎自行車遨遊已經成為小鎮新寵，外地慕名而來的單車族除了享受踩踏樂趣，亦可領略伴著涼涼水流的關山大圳絕美風景。

關山鎮環鎮自行車道全長十二公里，沿途穿越關山大圳的水光山色及綠油油的稻田、青翠樹林和密集的檳榔樹叢，乃至全鎮景緻盡收眼底，處處美景天成，相當吸引人。尤其是與關山大圳比鄰的地段，規劃以鐵路枕木做為護欄，益顯出其古樸盎然和自然野趣，走在一旁可以感受到流水聲喃喃、身心沁涼的天然洗禮。

這座環鎮自行車道興建總經費為四千多萬元，除了沿關山大圳的用地屬水利會外，其餘的是利用舊有農路和熱心居民無償提供道路用地，才能使得自行車道以少數經費能夠順利施工。而全線用最多經費的地方也是最美的觀景點，就在靠關山大圳的土地公廟高地處，在那裏可俯看關山鎮全景，享受山區涼爽的微風、竹林人家，配上流水聲添加無限詩意。

【「五雷碑」保合境平安】

現年七十七歲（一九九七年），從苗栗移民後山的徐義合說，過去卑南溪每遇洪水氾濫便越過德高里北庄，一直淹沒到關山鎮內，房舍、田園均會被毀於一空，後來有一位唐山師傅到當地，發現地靈有邪氣，於是畫了兩張「犁頭符」，上面分別寫了五個「雷」字及「合境平安」和一些符咒字樣送給居民，吩咐可立碑鎮邪，居民們乃依其所言，將其立在海端火車站附近。

六十五歲（一九九七年）的徐煥庭則說，該塊石碑從清朝就留傳下來，據上一代人說起，當年北庄頂多住了十二戶客家人，主要是常有水患，「犁頭符」一安置好，邪氣便從北庄土地上被「犁」走，自此卑南溪上游便很少再發生水患。

「犁頭符」一直被早期前來關山開墾的農民視為神碑，能保佑地方風調雨順、合境平安，在一九五〇、六〇年代幾經遷移，農民們均不願棄置，目前移往舊省道海端二號堤防下游處，近代地方又再立了一塊碑在旁並立。

徐義合說，農民們在「犁頭符」和新立碑前設香爐祭拜，每年農曆七月二十九日會有一次較具規模的祭祀，代代相傳下來，已成為關山里壠圳的守護神。

紅葉少棒的故鄉
——紅葉溫泉

▲ 紅葉溫泉。

　　延平鄉紅葉部落的布農族人稱他們居住的地方為「拉哈達」，那是一處擁有溫泉的地方，四周景緻是楓葉層層，「紅葉」與「溫泉」結合得如詩如畫。

　　紅葉部落的布農族人在日治時期由「耐衣布魯克」部落遷徙而來，當年約僅有三十戶人家，他們剛到紅葉當地，發現滿山谷的紅色葉片，映出翠綠山巒，景緻極美，族人不禁驚呼「母米及塔泥」，意思是多楓葉的山谷，以此來形容心中的感受，延伸至日治時期，日本人將之稱為「紅葉谷」。

　　居住在紅葉部落高齡七十二歲（一九九七年）的老牧師「阿利曼」，是部落內的活字典，熟悉紅葉歷史掌故和發展，他說，當日治時期紅葉溫泉區蓋有幾棟木造平房，做為日本人洗溫泉的地方，平常族人很難進入木屋內去洗溫泉。

　　「阿利曼」說，溫泉區還設有警察駐在所和一座小學，他本人則是從該小學畢業，當時全校約有五十名學生，幾乎全是布農族子弟，學校老師有時候是當地警察兼任。

　　紅葉溫泉主要是沿著鹿野溪河谷分布，在戰後，布農族人與平地人常喜愛自

行拿著鋤頭工具到河床上去「挖」溫泉浸泡。當地人提到，前往紅葉溫泉的外地人經常「入鄉隨俗」，學著布農族人撿茅草、搭竹架支柱起天然草棚，遠遠看去像兩片帳蓬，用來遮蔽太陽照射還十分管用。

這種天然簡易的草棚搭建完成，浸泡溫泉的人就可以躲入棚內去享受，據說紅葉溫泉對皮膚病最有療效，在一九五、六〇年代，皮膚病患者到紅葉去療養曾經蔚為風氣。

紅葉溫泉還曾經蘊育過一段往事，曾經於一九六八年一舉擊敗來訪的世界少棒冠軍日本和歌山隊，進而帶動國內三級棒球運動的紅葉少棒隊員，當年在練完球後，教練帶著一群全身髒兮兮的小球員去洗天然溫泉。

小球員們活潑好動喜愛打棒球，卻不喜歡洗澡，教練於是天天帶大家去洗溫泉，沿途在溪谷河床拾取木棒，以現成的卵石當球打擊，大家練得極有興緻。也讓外界留下紅葉小將是「以木為棒、以石為球」，在艱困環境中練就了輝煌成果的印象。

不過紅葉溫泉由於靠近鹿野溪谷，經常受到颱風溪水暴漲的侵襲，大量的卵石隨著滾滾溪水而下，把河床墊高，也沖毀了溫泉的天然設施，就算是近年來台東縣府進行的紅葉溫泉規劃與基礎工程，都免不了天然災害的損壞而被破壞殆盡。

▲ 日治時期台東支廳前種植蘇鐵。
（出自《東台灣展望》）

【鹿野溪是台東蘇鐵自然保留區】

鹿野溪是「台東蘇鐵」的自然保留區。台東蘇鐵是本土性鐵樹，具有堅強的生命力，在二億年前歷經亙古歲月！當史前的動物如始祖鳥、恐龍等生物滅絕後，它就在台灣生存不來迄今。在極惡劣的環境下仍舊可以生長，樹根挖起來後，可以放置一個月之久，尚不至於枯死，堪稱台灣植物之寶，在世界上也是絕無僅有的地區。農委會則在一九八八年將之列為「珍貴稀有植物」加以保護。

紅葉的「台東蘇鐵自然保留區」位於海拔三百至八百公尺河谷兩岸之開曠地帶，面積超過二百九十公頃，目前約有一千二百棵台東蘇鐵（一九九八年），屬於延平事業區第一九二三四林班。

當初發現這片珍貴蘇鐵林，也是在極偶然的機會下碰上，植物學家徐國士教授曾經為了找尋台東蘇鐵的原生樹種，幾乎尋遍了全台各地，最後就在快放棄搜尋的前一刻，徐國士帶領學生在鹿鳴橋下休息，赫然發現一名布農族人以牛車滿載著台東蘇鐵從公路上經過，徐國士一行驚喜萬分，立刻不動聲色地打探到台東蘇鐵的故鄉就在鹿野溪谷兩岸。

本地的自然生態專家廖聖福說，徐國士的發現促成了「台東蘇鐵自然保留區」的設立，同時也解開了日本人隱藏了將近一甲子的機密。

廖聖福說，翻開日治時代台東的老照片，各機關大門前左右兩側，都會種植台東蘇鐵，是不是取其強韌的生命力象徵，有待進一步了解，但是日本人喜愛台灣蘇鐵則可以清楚證實。

大武山勝地——比魯溫泉

▲ 比魯溫泉。（陳麥祥提供）

比魯溫泉的排灣族舊稱為「住布溜子」，意思是「冒煙」。當地擁有豐沛的溫泉資源，終日煙霧裊裊，是最佳的天然浴池。

「住布溜子」位於南大武山，太麻里溪上游，風景瑰麗，頗富原始自然之美，置身叢山峻嶺間，碧波橫越，清澈見底，相當怡人。

「住布溜子」的溫泉源頭水量充沛，出水口像溪流般洶湧而出，沿著坡度而下，如同萬馬奔騰般，分散許多涓涓細流沖擊奔流，像無數座小瀑布，十分美觀。

由於溫泉本身帶有硫磺性質，溪水源頭累積沉澱一片泛黃，溪水的色澤呈現兩段變化：與一般溪流的景觀不同，水流再匯聚成一座大水池，形成天然的浴池，這就是讓外人驚艷的比魯溫泉。

排灣族耆老蔡實指出：比魯溫泉是天然的出水溫泉，從山洞中流出，以往有三個出水口，其中一個流出來的溫泉達到八、九十度高溫，無法碰觸洗溫泉，另外二個溫泉較適宜，且配合溪水，可以降低溫泉的高溫，成為洗泡溫泉的水溫。

比魯溫泉在日治時期前，排灣族人就用來做為洗浴的場所，工作之餘，會到當地去休憩、遊玩，日本人來了之後，在「住布溜子」地區興建木製房舍，施以隔離措施，從此排灣族人再也無法自由自在利用

【金崙溫泉是排灣族人洗湯地】

在休閒蔚為風氣的今天，有部份南部縣市的「洗湯族」喜歡自行開車到金崙溫泉過夜，享受當地曠古幽靜，和脫離塵囂的感覺，隔天再開著車子返回工作崗位。

金崙溫泉的聲名就這麼樣的被傳開來，許多人都知道在台東太麻里地區有一處排灣人的溫泉，那兒擁有其他溫泉所沒有的寧靜與自然。排灣族人自古以來就一直守護在那兒，當地族人甚至都留傳一些遺風，那就是到了夜晚，於河床隨意挖掘一窪小坑就能泡上一夜溫泉。

在往昔，排灣族人洗溫泉有自己的規矩，男女各自在對岸分開，並且以石塊堆疊起來，互不干擾，「隔岸洗湯」。

雖然金崙溫泉的聲名在近年來聲名鵲起，受到民眾的青睞，但是據一九三四年繪製的「台東廳」古地圖，今日的金崙溪下游就已有「溫泉」的記載，同時也繪出小房舍建築。

根據在金崙溫泉經營溫泉民宿的簡秀娥聽老一輩人士提到，在他們居住的房舍後方據說曾留有日治時代的牆面建築物和水泥砌成的集水槽，後來因為拓建民宿和種植釋迦，把牆給拆除了，只留下唯一的集水槽位在靠近山壁的樹叢下。

集水槽設立在稍高的坡地上，距離民宿區有一段，必須要爬上一大片零亂的石塊和雜草木，才可看到它夾在樹叢中，靜靜地躺在地面上，從斑駁和發霉的水泥表層，不難得知歷史的久遠。

簡秀娥表示，過去日本人利用竹片削接成水管輸送溫泉，先送到集水槽，再流下供應洗溫泉用，設計簡陋卻早已會使用溫泉資源。

排灣族人稱金崙溫泉的地點為「帕達冷卡里」，在未開發前當地種植甘蔗等作物，因為金崙溪每遇颱風，溪水暴漲，土地一定被淹沒，因此也沒有人願在鄰近的河床上蓋建築物，一直到他們來經營「溫泉民宿」，才有一點規模。

而鄰近的部落在當地稱「溫信」，由日語發音而來，意思就指「溫泉」。當地選出來的前縣議員謝進福解釋：「溫泉村」約五十戶人家，當初是從較中下游的部落遷徙而來，主要也是被颱風挾帶的溪水沖毀，政府才在高地上方興建國宅安置。

謝進福說：排灣族在下游居住慣了，出入方便，洗溫泉也是共同的記憶。不少曾住在溫泉村的居民近來紛紛遷回原來的部落，因此有些族人是兩地都有房子。

溫泉資源。

　　蔡實表示：日本人蓋「溫泉別墅」，是用當地排灣族人到南大武山區砍伐珍貴的檜木，整座房舍皆以檜木來建造。

　　日本人當初規劃經營「住布溜子」地區，除了設立比魯駐在所，加強掌控排灣族人，也興建一座吊橋供通行。「溫泉別墅」則從駐在所調警察支援管理，僅日本警察和日本政府貴賓才有資格去洗溫泉，連當地排灣族人都不得其門而入。

　　蔡實指出：日本人管制嚴格，不過可讓部落頭目和幹部進入，做為酬庸性質，也可見日本人為了控制原住民部落，軟硬兼施同時也極力籠絡社會上有影響力的人士，足見其別有企圖。

　　比魯溫泉在日治時期的建設，到今天幾乎已蕩然無存，原有的吊橋和「警察別墅」，在戰後（一九四六年）的一場大颱風中給沖走，目前當地僅留下一些「水泥槽」的殘遺，掩埋在蔓草間，不仔細加以找尋，還看不出來。

　　按蔡實的記憶，這些在一九三二年前就已經興建的「警察別墅」建築，所使用的材料或建造技術均極注重，蔡實舉遺址中露出的部份水泥基座指出，由在經過數十年的風雨及溫泉硫磺的蝕侵，仍然維持原樣，即可見一斑。

　　比魯溫泉在日治時期就朝「療養」方向經營，日本警察及達官貴人經常在當地長期療養，尤其針對皮膚病、關節炎及痛風等相關慢性病症十分有療效，許多病症在洗溫泉一段時日後，通常會減緩，因此很受歡迎。時隔五、六十年的今日，從台灣南、北部千里迢迢跑到比魯溫泉去洗的民眾仍然不乏其人。

　　有了人潮就有設施，曾經有外地人士帶進了水泥，在自然浴池周圍簡易地砌起水泥建物，以方便到當地洗溫泉的遊客，不過因為比魯位在南大武山自然保護區內，相關建築必須受到管制，因此警方已加以拆除。

　　近年來每逢假日，大小車輛從金峰鄉長驅直入到比魯，雖然產業道路並不平坦，但是吉普車上山相當方便，不少人到當地不僅洗溫泉，還到太麻里溪上游去捕捉列為「國寶魚」的「高鯓鯝魚」，不肖的人士甚至以電魚來大量捕獲，讓高鯓鯝魚無處可躲藏。

　　面對這種嚴重破壞自然生態的惡行，鄉公所積極研究採取「封溪」的行動，希望能遏阻不法電、毒魚的行為，只是「魔高一尺」，防不勝防的歪風，讓當地排灣族人憂心不已。

▲比魯溫泉。（陳參祥提供）

綠島的天然浴池——滾水坪

▲ 滾水坪的原貌。

　　綠島有一座隨時隨地煮得滾燙的天然熱水池，當地人稱「滾水坪」，前去浸泡的人多半選擇黑夜星空高掛時刻，以裸身擁抱自然，現在它是名聞國內外的海底溫泉。

　　這座舉世罕見的海底溫泉，位於綠島東南海岸，在潮間帶的礁岩間，湧出了帶有鹹味的泉水，溫度高可燙人，低則極為舒服，最熱的溫水位置，放入雞蛋可以煮熟食用，若在周邊溫泉清洗，溫泉水質的觸感並不會黏澀。

　　專家實地探測的結果發現海底溫泉的形成，是因為海水下滲到島嶼下方深處，受到地熱加溫變成熱水，再因壓力增加而湧出地面之故。東管處目前在海底溫泉湧升處設置了圓形的水池，供遊客使用。

　　根據東管處的資料，稱為「朝日溫泉」的海底溫泉雖是硫磺泉，但無濃烈臭味，水溫介於五十三度至九十三度間，酸鹼度為五度左右，對人體皮膚無刺激性，海底溫泉在世界上非常罕見，僅知日本九州及義大利北方各有一處，因此頗為稀奇。

　　綠島人往昔稱海底溫泉為「旭溫泉」，主要是它位於靠近太陽出現的地方，又稱「滾水坪」，因為過去綠島人在海上「討海」，冬季氣候寒冷時，駕著「舢板船」到海裡捕魚，有時候碰上寒風刺

骨，冷得讓人無法忍受時，常跑到「滾水坪」去浸泡一下，讓身體活絡再回去捉魚。

老一輩人士說，在一望無際的海邊，寒風來襲又無處可躲藏，居然有一處「滾水坪」簡直是上天對綠島人的疼惜，也是給辛苦的綠島人最好的照顧。

綠島耆老陳天飛說，「滾水坪」在早年因為當地交通不便，很少人知道有這麼一座世界級的海底溫泉資源，頂多是「討海人」在使用；他記得溫泉的原始面貌是有上、下兩「窟」，其中一「窟」，水燙得人不能下去，當地人用來煮雞蛋，或是在礁岩中捉螃蟹當場煮熟吃。

一九七○年間，一位台北商人名叫「劉瑞安」到綠島去經營「鹹魚」生意，過去綠島人捕魚回來，多半以「曬鹽」處理，因為沒有冷藏設備，因而皆以原始方法使用。劉瑞安看準該項契機，在島上建造了一個大型水泥槽，專門用來「曬鹹魚」，同時收購漁貨，進行簡易加工，再裝箱海運到台東市場販賣，首開綠島漁獲「外銷」的記錄。

劉瑞安是個有眼光的生意人，他從漁民口中得悉「滾水坪」的事，認為這是一座十分有特色的溫泉，開發後將來潛力無可限量；於是向當時擔任鄉長的陳天飛建議開發「滾水坪」，他強調世界上除了義大利之外，綠島是第二個發現有海底溫泉的地方，將來觀光效益無窮。

為了證實自己的判斷無誤，劉瑞安劍及履及地購下了海底溫泉上方的土地，準備用來蓋旅館，同時他向陳天飛提出計畫，預計找五位股東，每人拿出五百萬來，合資二千五百萬進行開發，這也是朝日海底溫泉最早的開發記錄。

劉瑞安費盡千辛萬苦，用舢板千里迢迢從南寮船澳載了水泥到「滾水坪」，以簡易的施工在高低參差不齊的硓𥑮石砌上一條長型狀水泥，供人當座位使用，這也是千百年來海底溫泉首次有人為的建築物出現。

但是到了一九七七年，劉瑞安宣告投資失敗，他向陳天飛表示，要回台北去煮飯吃自己了，他觀察了六、七年，加上實際在綠島居住的經驗，認為綠島發展觀光的瓶頸仍難以突破，當年他預估每天有三百位遊客到島上住宿，旅館才能賺錢，而以綠島的天然條件，夏季颱風與冬季東北季風，使得海上觀光生意一年之內做不到六個月。

毅然中止了投資計畫，劉瑞安賣了土地，只留下位在綠島燈塔旁山坡地上的一棟平房，這棟房子是為開發海底溫泉所設的籌備處，而為了順利取得該塊土地，幾經斡旋，才好不容易得到當年「綠指部」首肯，得以建造房舍。

劉瑞安未完成的夢想，今天在東管處的規劃經營下已經呈現，「朝日溫泉」打響了國際知名度，綠島觀光人次每年超過萬人，並且一直在成長中，飛航綠島的班機每天約有二十班次，但是在夏季旅遊旺季還無法買到機票。

至於「朝日溫泉」白天是觀光據點，人來人往，雖然沒有太多人願在當場洗溫泉供人觀賞，被作觀光的活樣板，但一到夜晚，即有許多深諳門道的遊客前往，裸身躺在海底溫泉池中，享受清風拂面和浪濤拍岸的感受，加上仰望滿天星斗的曼妙，和盡情地擁抱大自然的快慰，外人很難體會出那種舒暢感，現在這已經是一種新流行，許多人趨之若鶩。

台美情誼六十年
——綠島燈塔

▲綠島燈塔。

　　一甲子以前，一艘世界知名的三萬一千噸級美國郵輪「胡佛總統號」，航行到綠島海域不慎觸礁擱淺，綠島人英勇地搶救起一千餘位乘客，這批「國際難民」擠滿了當地民宅等候援助，隔年美國政府為了感激居民的義舉特別出資，興建了「綠島燈塔」，如今它已成為太平洋上的明燈，一九九七年它正好過六十大壽。

　　綠島燈塔位於綠島西北角的海岬上，從綠島機場可以遙望到其英姿，白色直筒狀建築，矗立翠綠草地上，背景是碧海藍天，景緻相當美麗。

　　昭和十二（一九三七）年十二月十二日十二時，美國「胡佛總統」號郵輪航行經過台灣外海，欲前往呂宋島，因為適逢冬季，東北季風強勁，海流浪急，又誤判當時新港海邊的小燈塔，以致於迷失了方向，在綠島柴口與公館間海域觸礁擱淺，無法動彈，船長在做過各種嘗試後，不得不發出求救信號，並且在第二天清晨從甲板上向綠島居民招手請求救援。

　　曾經在一九六八年至一九七七年間，擔任過綠島鄉長的陳天飛，對當年郵輪擱淺的事件印象深刻，那年他十五歲，剛從公館小學畢業，郵輪擱淺在岸邊時，他隨

著人群跑去觀看，「船高得像一座山」，他形容小時候初次看到大船的興奮心情。同時上面擠滿了許多外國人，後來才知道乘客包括美、英、蘇、德、中、日等國籍，連同船員共計一千一百餘人。

陳天飛說，綠島人雖然靠海維生，但是日治時代根本沒有漁船，鄉民們使用的就是「舢板」，這種三槳舢板十分奇特，右邊兩支槳是用來划動，控制速度，左邊的一支槳則是作為掌舵方向用；當年的鄉民甫說是大郵輪，就連一艘較像樣的船隻都難得見到。而在風高浪急的危險情況下，綠島人就憑著十幾艘舢板和無比的勇氣在毫無設備下划向前去救人，一直忙到深夜才靠近郵輪。

救起來的一千餘位乘客船員，居然無一人傷亡，但是要安置他們卻讓綠島人大傷腦筋，因為當時島上僅數十棟茅草民宅而已，大家只好分散到民眾家中擠一擠才勉強不受風寒，另外一大問題是吃的食物不知要到那裡去找，所幸郵輪上所存物質可以供應一個月之需，綠島居民遂協助將食物搬運到島上使用。

這群「國際難民」就如同漂流島上，卻又好比憑白多了一處行程外的觀光點一樣，在島上到處參觀遊覽，最後才由美國軍艦分批載運到菲律賓，為海難劃下句點。

由於好奇加上興緻頗高，陳天飛從學校出來並沒有跟隨前人腳步，選擇立刻下海捕魚一途，反而是從事拆除「胡佛總統號」的打雜工作，因為「胡佛總統」號郵輪已經喪失動力，船商只得宣布放棄，以三十萬美元代價，賣給日本「北川鋼鐵株式會社」進行解體。陳天飛說，「北川」總共用了三年時間，動員了日本技師、朝鮮工人及綠島居民擔任臨時工，當時他也是其中打雜的工人之一，每天有一、二百人投入拆解船體的工作。所拆下來的鋼板都由會社所屬四、五艘貨船輪流載運到松山台灣總廠及高雄兩地工廠溶解，再做成鐵板、鋼條供工程界使用。

拆船工作進行到第三年時，海面上的船體大致已拆除完畢，在海平面下的部分，由於受到季節風太強勁等因素影響，「北川會社」不得不放棄船底拆除。

陳天飛則因這段與日本人相處的經驗，受到日本人賞識，曾經隨著載運鋼鐵的交通貨船北上基隆，再到松山的「北川鋼鐵株式會社」擔任了兩、三年的職員工作，最後才被父親以電報催回。

雖然事隔五、六十年，陳天飛談到此仍有許多感慨，他說要是留在「北川鋼鐵會社」，戰後他或許仍從事鋼鐵工作，也許會自己開設個工廠，不過可能無緣去擔任鄉長了。

▲ 胡佛總統號。（出自《綠島蘭嶼》）

◀石觀音。(曾正福攝)

【綠島石觀音】

綠島有一尊「石觀音」，居住在洞穴裡，居民們凡事都會向觀音佛祖祈求，尤其相信外出考試的子弟都必須到當地膜拜，保佑金榜題名，而若仔細估算當今台東縣教育界擔任國小校長的綠島籍人士有十餘位，加上老師、公務員、警察等吃「公家頭路」的更不計其數。

綠島因孤懸海上，早年居民從事漁撈作業生活困苦，日常食物僅以番薯、土豆和鹹魚果腹，日子過得清苦，但是家長皆有栽培子弟多讀書求取公職的觀念，一九六○年代期間綠島居民自己寧可節儉度日，卻供給子女赴台求學的例子比比皆是。

綠島鄉耆老陳天飛培育子女是一個典型的例子。戰後他大兒子讀全鄉唯一的一所綠島國小，學校因為沒有教室，還得借中寮村落人家的「亭仔腳」（騎樓）上課，陳天飛在兒子念了一年後，隨即將他帶到台東市在其舅舅家寄讀，當年他帶了包括自己兒子和親戚子女在內共四人，在畢業後考上當時台東最高學府的台東師範學校就有兩個，如今陳天飛四個兒子二位是教師、二個是公務員，都吃公家飯。

陳天飛指出，早年綠島居民要離開島上，無論子女求學、服兵役或做事業，都會到「觀音洞」去祈求平安、順利，因此觀音洞已成為島上民眾的信仰中心。

觀音洞位於公館村，是一處天然珊瑚礁洞穴，裡面有許多石筍、鐘乳石，其中一尊酷似觀音佛祖盤坐於蓮座上，居民們稱為「石觀音」，目前已被虔誠的鄉民安裝金色「神衣」，另外加上了香爐、燈具等膜拜用具。但是整座觀音洞也僅是一個天然洞穴，並沒有廟殿建築，相當特殊。

▶綠島觀音洞。(李永惠攝)

一九九○年綠島鄉公所在洞前興建一座山門，題署為「觀音洞」，而陳天飛也題了一副對聯「綠水青山觀音勝地，島上風光菩薩」，頗符合當地勝景。

觀音洞的歷史已歷經一百八十餘年，它的發現有一段傳說。漁民們經常在下午四、五點出海捕魚，到了清晨三、四點返航，在黑漆的夜裡難以辨識方向，一旦碰上風雨或大霧，船往往迷失在大海上；在危急時刻漁民發現有一團火球，乃循著它的方位前進，都能順利靠岸，事後「討海人」談起該段往事奇遇，才發覺彼此都有相同經驗，於是發動居民尋著蹤跡去找，最後終於在一片叢林後找到該天然洞穴。

陳天飛說，觀音洞在日治時代也受到日本人的尊敬，當初有一位住在中寮的日本人信仰得最為虔誠，每逢初一、十五都會前去膜拜，而鄉民口傳中更有許多觀音佛祖顯靈的故事，包括出海遭到危難得以化險為夷、保佑身體平安、指點事業迷津等等。

離鄉背井、出外謀生的綠島鄉民們通常習慣在返回故鄉後，到觀音洞去求取「石乳」（即鐘乳石），將之攜回放在家中，據說可保全家大小平安。往昔更有一傳說，鄉民突發重病，離島交通不便，加上醫療資源缺乏，情急下將「石乳」取下煮水讓患者服用，曾經治癒病症的說法。

觀音洞每年最熱鬧的節日是農曆二月十九日的「觀音佛祖生」，管理委員會按例發起請野台戲演出酬神大戲，這也是全綠島人的年度盛事。

就在「胡佛總統」號解體的同時，美國政府爲紀念該郵輪及維護海上航行安全起見，特別捐款委請當時統治台灣的日本政府興建綠島燈塔，一九三八年燈塔建築完成，高三十三點三公尺，頂端設有煤油發光的投射裝置。

綠島燈塔設立後，就像太平洋上的一盞明燈，指引來往於太平洋、巴士海峽間的船隻方向，綠島漁民也因爲燈塔的設置，再也不會迷失在茫茫大海中，綠島燈塔被譽爲太平洋上最耀眼的明燈。

二次大戰爆發後，綠島燈塔受到戰火波及，炸毀部份建築設施，一九四八年，政府鑑於該據點乃是國際航線要衝，於是撥款重修，並且把煤油燈改爲新式的電瓶發光。

綠島燈塔一路走過六十年歲月，綠島人或前來島上觀光的游客對它一直十分愛戴，當年這艘全世界最大最豪華的郵輪在綠島擱淺的事件，雖然被日本人刻意隱瞞，但是在國際上普遍引起重視，也被選爲世界海事案件的重要案例。

許多老一輩民衆還有深刻的印象，在物質艱困的時代裡，居民家中仍擁有精製的餐盤刀叉，上面都印著「胡佛總統號」的英文字樣，這即是當時郵輪上的乘客爲了要感謝綠島人救助之恩，所致贈給居民的物品之一。「胡佛總統號」郵輪在綠島當地所造成的震撼，沒料到一晃眼時間就是過了一甲子。

至於「胡佛總統號」郵輪的拆除後續部份，最近陳天飛還碰上一件頗令他訝異的事，一名林姓人士打聽到他曾經參與過拆除「胡佛總統號」工作，特地要他簽名見證他父親也曾在戰後申請打撈沉沒在海底的「胡佛總統號」船體，以便申請相關賠償事宜。

陳天飛說，日本人無法克服綠島的季節風肆虐，以至於放棄了「胡佛總統號」的船底拆除部分，但是在戰後因爲物質缺乏，還是被勤奮的台灣人憑著旺盛堅忍的毅力把它給打撈乾淨。

▲ 綠島海底溫泉。（李永惠攝）

十股的綠色隧道
——茄苳行道樹

　　台東縣的「縣樹」是小葉欖仁，但是早年日本人在縣境遍植茄苳，縣府辦公廳舍幾乎全給茄苳樹包圍住，現今就在周圍高樓林立中，也仍可以看到殘存的茄苳樹立在周邊緊鄰廳舍處；尤其縣府後與縣長公館相隔的巷子兩旁，茄苳樹並排相連，綠蔭遮天，景觀極為清幽，在都會區中殊為難得。

　　再往前走一條街的博愛路，同樣有茄苳樹行道樹，老一輩台東人說：當年這段茄苳樹曾經延伸整條馬路一直到鯉魚山下，好像一段天然「傘蓋」。

　　日治時期台東市區內茄苳樹隨處可見，但隨著道路拓寬陸續砍除了一部分，讓人愈發覺得，它就要在我們這一代消失了。

　　目前於東縣存留最完整的「茄苳」行道樹應該是市郊十股段的「茄苳綠色隧道」了。這段長達兩公里多的行道樹名聞國內外，是後山地區最美麗的公路景觀之一。

　　在縣內教育界服務的陳清正校長曾經訪問過當地的耆老、仕紳，得悉「綠色隧道」原來全長近十公里，從十股到卑南鄉初鹿村，當年由卑南駐在所的一名警察

「犬養氏」發起植樹美化花東公路,並徵召沿線原住民民力,花了數月時間,共植了一千餘棵茄苳。

一九四一年,太平洋戰爭爆發,日本政府為了回應戰時需要,將賓朗至美農入口處一段行道樹砍除充當戰備跑道,等於是從中切斷,留下首尾兩段。

一九六六年,政府首次拓寬花東公路(台九線),又將尾段美農至初鹿村行道樹砍光,留下來的就剩十股段的現有面貌了。

茄苳行道樹棵棵極為強盛,雖然茄苳樹成長較慢,但是它的樹幹粗壯結實,能夠耐得住風雨,也不容易腐朽;因此日本人選擇它來做為行道樹的樹種,果真無畏東台灣的颱風侵襲,一路走過近八十年歲月。除了部分受到颱風及人為因素毀壞外,大致上仍舊很茁壯,枝葉茂密;但是馬路寬度逐漸不符現代交通所需,近年來也常有拓寬砍除之議。

▲ 綠色隧道。

【綠色隧道二、三事】

綠色隧道於一九七〇年間第一次面臨全面砍除的壓力,不禁令人對綠色隧道的命運感到憂心。當時在台東縣政府服務的陳金榮對昔日情形印象深刻。這位自喻與李總統登輝先生曾經「同事」的老公務員,戰後一度因編制被納入省農林廳,與李登輝同領「技士」薪餉。因此他戲稱自己曾與總統「同事」,只是彼此不認識而已。

陳金榮說:巧得是李總統擔任省主席時,他正好當祕書室主任,在一次視察台東時,他負責接待省主席的住宿、饍食。

當時的縣長蔣聖愛向李主席提起,十股茄苳綠色隧道地方反映不要將之砍除。李登輝先生笑著指身旁的曾文惠女士稱:「問阮某就好!」。陳金榮說:以總統學農出身,當然不會輕易讓老樹被砍除。「綠色隧道」就這麼一句話被保留下來。

蔣聖愛任縣長時還曾經做了一件與茄苳有關的事,屏東縣「佳冬」鄉人士有一次到台東拜訪,發現處處有「茄苳」樹,談起他們雖名為「佳冬」卻沒有種植茄苳樹。

蔣聖愛隨後贈送了五十株茄苳木苗給佳冬鄉,讓它們能在當地繁衍,成為名實相副的「茄苳」鄉。

台東市地標──鯉魚山

▲ 日治時期鯉魚山前的大合照。（賴黃龍提供）

　　早在距今約三千年前，或者更早的四千七百年前，在台東市鯉魚山就有人類活動的遺跡。鯉魚山在近代是阿美族與卑南族原住民爭奪的軍事要塞，現今它則為市區最重要的休閒與歷史遺跡區，深具多重意義。

　　在古老傳說上，上古時期鯉魚與貓戀愛而荒怠了政事，天神一氣之下，將鯉魚的眼睛挖去，還把它們變成兩座山，讓它們遙遙相對但是不能接近。

　　這兩座山現在就座落在台東市區裡，沒有眼睛的鯉魚山。鯉魚山是台東平原上的據點，兵家必爭之地，直到近年來戰爭型態改變，它才被軍方全面取消管制措施，也解除了神秘的面紗。

　　考古學家在這塊海拔高七十五公尺的鯉魚山發掘出石棺群及陪葬品，包括手鐲、管珠等，另外還有數量豐富的石器，有打製石斧、石鏟、石槍頭等，陶片部份為夾砂紅陶。經過測定是屬於「卑南文化」系統遺址。

　　古代稱鯉魚山為「鰲魚山」，從清代文獻上可以看出早期的阿美和卑南族，已經很懂得據該險要地勢來防禦部落，鯉魚山確實是一處重要的據點。

　　由於開發得早，鯉魚山也是一處先人遺跡豐富地區。建立在山腰上的龍鳳寺，長期來對史前文物的相關配合措施十分用

▲鯉魚山望向台東火車站的今昔對照。
（舊照片出自《東台灣展望》）

▼鯉魚山上的淨水池。

【鯉魚山淨水池】

鯉魚山風景區上，有座具有六十多年歷史的古老建築物——淨水池，這是台東市區現代化自來水的前身，在鯉魚山風景遊憩區規劃中被列為保存對象，足以讓市民發思古情懷。

該座淨水池位於鯉魚山頂上較高的據點，四處生長著樹木與草叢，不過圓柱形的水泥柱與文藝復興古典建築式樣的前緣、牆壁，顯得極為突出，不過許多早起運動的居民卻對該建築物相當陌生，有猜測是日治時代軍方建築或是早年戰備儲水槽等多項說法。

事實上該座建築物是台東第一座現代化自來水設備，淨水池興建於一九二〇年，是對當時「台東街」住宅用戶提供自來水用途，而市區內供水管線基本格局迄今仍然不出當時規劃。

台東縣府退休的耆老陳金榮指出，目前擔任「台東會」的日籍會長「田子榮三」，當年曾在「台東廳」任職土木課，在他任內一手規劃起台東市區供水系統，同時引用卑南鄉利嘉溪的水源，將之以水管接到市內，送上鯉魚山上的淨水池。這項工程在現代看來仍是件大工程，主要是當時並無加壓設備，管線從利嘉舖設到台東市，再爬上海拔七十公尺高的鯉魚山，確實是一項考驗。

心協助，曾經在台大考古隊十三次的卑南遺址搶救挖掘中，主動提供廂房供台大考古隊師生住宿與整理文物；甚至於一九八四年二月，在台大人類系協助下，舉辦了一項小型的「卑南史前文物展」，展品包括石板棺、殉葬品等三百件，這是「卑南文化」公開展示的第一回。目前在龍鳳寺還保存有一批發掘的史前文物，包括玉鐲和部份石板棺。

而後山開發各時期重要事蹟與人物，如清廷時期的台東直隸州知州胡鐵花、日治時期的抗日志士鄭品聰、台東縣首任民選縣長陳振宗等人，都曾在鯉魚山上都立紀念碑。

鯉魚山上最具代表性的建築是忠烈祠，最早是胡鐵花任知州時選擇鯉魚山麓闢建，主要將光緒七年，由卑南廳南路理番同知袁聞杯為紀念開發後山而死難的先賢烈士所建立的「昭忠祠」，被颱風吹毀而遷移至鯉魚山當地重建。

日本治台後，一九一八年台東廳把神社再次遷移至鯉魚山忠烈祠現址，並且大興土木，建造一座木造神社，地方耆老林奇義說，當時神社供奉主要是日本皇室親王──「能久」，他於一八九五年甲午戰爭時率兵侵入大連，馬關條約簽定後，也任據台指揮官；另一名「北白川宮」親王同時供奉紀念。當時每年十二月二十五日，台東廳各機關學校都會派代表去祭祀，由廳長擔任主祭，類似現代的忠烈祠祭祀烈士英靈一樣。日治時代的鯉魚山園區，還包括現今的縣立體育場，當時設立一座八百米跑道的大運動場，經常有棒球比賽舉行。

那時期台東縣長陳建年的父親陳耕元等就讀於「嘉義農校」的原住民畢業返鄉所組成的「台東隊」，實力強勁，每年夏季還吸引日本明治大學棒球隊前來做友誼賽，進行中日棒球初期的交流。

林奇義說，日本人喜歡植樹，新就任台東廳長一定會到鯉魚山去種樹，如「台灣總督」長谷川、安滕等人上任後到台東巡視，也在鯉魚山植樹。

鯉魚山經過漫長的開發經營，歷代皆留下見證，目前呈現花木扶疏景像，同時添加了「龍鳳佛堂」與「龍鳳寶玉塔」等，後者史成為今日鯉魚山的新地標，原神社則在一九六一年改為忠烈祠，現今在台階上石座是神社的殘留。除此之外，鯉魚山上豐富的植物生態，為戶外教室最佳場所，所以無論是觀光或鄉土推廣教育，鯉魚山被稱為「後山第一」的史地教室實不為過。

▲胡鐵花紀念碑。

愛恨「馬隆阿隆」
──馬武窟溪

　　東海岸東河地區的阿美族人對流經身旁的馬武窟溪又愛又怕，馬武窟溪是族人撒網捕魚賴以維生的地方，卻又是河鬼山沒奪人魂魄之地，七十多年前日人「吉田」不顧阿美族人的忌諱，建造了第一座東河橋，改變了它的命運。

　　馬武窟溪，阿美族語稱之「馬隆阿隆」，它是東海岸沿線發源於海岸山脈的第一大河，上游分為南北兩源頭，在泰源村會合後蜿蜒向東流，於東河村與小馬部落間流入太平洋。而東河橋就架在這兩村落上，橋下巨大的白雲石散布，青綠溪水流經其間，構成一幅極美麗的畫面。

　　事實上東河村的阿美族人自古以來對「馬隆阿隆」溪一直深懷畏懼，因為「馬隆阿隆」溪水一暴漲，就會奪人命，因此儘管族人每天要在其下游地區撒網捕魚，以魚獲來養家，但是部落裡的老一輩人士殷切叮嚀，千萬不要在上游溪水遊玩、捉魚，因為會惹得河鬼「布拉魯弄」不高興，而前來取寶貴的性命。

　　東河部落耆老黃新泉說，「布拉魯弄」是一種頭髮很長的河鬼，不管白天或黑夜經常會在「馬隆阿隆」溪上游出現捉人，因此溪水上游地帶，自古就被族人列

爲禁區，老人家迄今也一直忌諱談起它的過去，但是從他懂事以來，在「馬隆阿隆」溪遭到溺斃的族人至少有十幾個，因此老一輩族人根本就認爲上游地區是一處不祥之地。

一九二六年，一位日本工程師「吉田」，到「馬隆阿隆」溪勘察地形，當時花東海岸公路正在興建，「吉田」有意利用溪中一塊巨大岩石做爲當中支撐橋柱，橫跨溪水建造一座鋼索橋。

當地阿美族長老告訴他關於「布拉魯弄」河鬼的傳說，要他多加考量，並尊重地方習俗，但是「吉田」不爲所動，他設計監造了第一座橋，同時也請了當地阿美族人參與興建工作，負責搬運工作和灌水泥等。

黃新泉說，在施工期間曾經有阿美族工人掉入「馬隆阿隆」溪裡，部落長老都害怕是河鬼「布拉魯弄」生氣了，所幸那名族人馬上被其他人救起，否則後果將會不堪設想。

一九五二年，東河橋進行改建，保留了溪中的拱門橋柱，兩邊橋墩則分別設計，一邊是拱型結構，另一半則爲支架式橋墩，形成了一橋兩樣式的獨特造形，配合當地地形與環境，相當「速配」，也成爲觀光據點。

【阿美族的聖地】

東河橋下游靠近新造大橋約二十公尺處的北岸地段有一個天然洞穴，它是阿美族人的聖地，多半用來舉行祈雨。東海岸的阿美族種稻，靠天吃飯，如果天氣乾旱，稻米就無法收成，因而祈雨儀式在早年十分盛行。

稱爲「巴卡烏拉賴」的祈雨儀式是男人的工作，頭目會在當天召集年輕的「巴卡隆愛」族人，遠到成功鎮白守蓮地區去撿一塊石頭，然後以竹桿綁上，立在洞口附近，再由溪口捕一隻畫眉鳥，也綁在竹桿上，長老帶領大家以溪水灑祭，口中則高喊著「拂羅」，意思是「趕快下雨吧」。據說，當時用該儀式，天空就立刻會下起雨來，解決族人土地乾旱之苦。

在一九五〇、六〇年代還有人看過該儀式，不過隨著西方宗教大舉進入，祈雨被視爲迷信，遭到教會阻止，雖然阿美族人曾經爭論，但是最後還是劃下休止符。

▼ 東河橋的新舊對比。
（舊時照片出自《東台灣展望》）

台東愛情故事
——八仙洞與石雨傘

▲ 八仙洞。

東海岸台東縣境內有兩座十分有名的巨大岩石，在阿美族人的傳說裡，它有一段淒美的愛情故事，分別代表男性的石雨傘「男人石」與女性的八仙洞「女人石」。

不管是穿鑿附會也好，是阿美族傳統也可以，這段愛情故事非常優美是不爭之實。從太巴塱小學退休的李來旺校長更經由田野調查，讓花東海岸的風光之美，加上一層神祕的人文意涵。

東海岸的阿美族人，遠在千年以前區分北方的「斯那」部落，與南方的「帕西達」部落，兩地生活習慣稍有不同，「帕西達」男族人有「戴耳環」的習俗，「斯那」部落則以「缺齒美」為標準，青少年到成年禮時要鑿去一顆犬齒。

因為這個緣故，兩部落相互嘲笑對方，一個是「破耳朵」，另一個是「鐵齒鬼」，彼此間還經常大打出手，弄得雙方互不往來，結怨日深。

阿美族的守護神「馬拉道」與生育神「都姨」眼見族人之間兄弟鬩牆，相互殘殺，氣憤之餘指示巫師將兩部落的頭目抓起來丟入海裡餵魚。

隨後兩部落新選出的頭目為了要化解

【金樽陸連島】

東海岸的金樽港灣有一塊船錨型的「陸連島」，連接著台灣本島，像是背後拖著一艘大船般，這塊珍貴的自然景觀，阿美族人稱為「加拿達」，傳說當地海灣曾經有許多鯊魚出沒，還咬死了一個族人，因而過去阿美族人甚至還一度心存畏懼。

「加拿達」在阿美族語意為像島一樣的陸地，往昔附近海域是東河阿美族人的漁場，有數不清的多種魚類浮游海面，族人划著筏就可以捕捉到滿魚簍漁獲歸航。

當地的耆老黃新泉說，每當南風吹起，就是族人捉魚苗的時節，在「加拿達」周圍也有很多海螺，族人所需要的漁獲都可以在當地得到，稱得上是族人的「天堂」。但是就在這一處阿美族的傳統漁場，吸引豐盛魚類的海域，卻因曾經出現鯊魚咬人而蒙上一層驚恐面紗。

有一年隆昌部落的豐年祭期間，頭目依一般慣例決定舉行三天，第一天由全體族人參加歌舞活動，「卡巴」階層（年輕的男性族人）到會所前去跳「迎靈舞」，該項活動是屬於較神秘且嚴肅的，部落內女子也避免參與，等儀式過後，才由全部族人共同以傳統歌舞歡慶；最後一天男子到海邊舉行「巴格浪」——捕魚祭，由部落中族人來擔任，阿美族人習慣在婚喪喜慶後，以「巴格浪」做為祭典正式結束。

黃新泉說，那一年「卡巴」階層的一名族人「勾拉斯」到「加拿達」的船錨型島海面去捕魚時，碰到鯊魚攻擊，在海中不幸喪生，族人們驚恐鯊魚的出沒，在捕魚祭過後良久，沒人敢再度到「加拿達」附近去捕魚，後來阿美族將船錨海灣命名為「及古拉珊」，以告誡族人該事件。

金樽漁港在日治時期計畫要開港，但是最後因故放棄，在戰後設置了漁港設施，但是魚源卻逐漸減少，黃新泉說，可能是水流改變或者是魚源枯竭，阿美族人捕魚不得不往外海移動。而值得一提的是近年來保七東部基地就設在金樽港，任務當然包括護魚在內，只是近海魚類已經不如當年的情況了。

不過金樽港因為擁有一片美麗的沙灘再度引人注目，在綿延三公里長的沙灘上，一旁是聳立的峭壁，景緻極為壯觀，漫步其上頗有一種奇特的感覺。

另外「加拿達」陸連島，據說是台灣僅剩唯一的一處，地質學家認為該陸連島原為平行海岸上衝之凝灰岩體，受波浪的繞射作用，恰於島和海岸間產生沈積現象，沈積物漸由陸地伸向前方小島，形成「砂嘴」，每逢退潮時砂嘴露出與小島連接而成的「砂頸岬」，也稱作「連島沙洲」，若步行上小島可見一通天之海蝕門，是極為難得的景觀。

至於「砂頸岬」也有人稱「錨島」或「錨狀礁」，地質專家姜國彰說，平時砂嘴與小島未完全連接，且波浪的繞射、沈積，使陸連島的營造過程一覽無遺，此即最珍貴的所在，假如該島已與陸地連接，則營造過程已完成，陸連島的意義全失，僅能稱為海岬而已。因此整個港灣，也是台灣極為珍貴且得天獨厚的自然資源。

這場世仇，便以聯誼方式讓兩部落族人進行情感交流，這場聯誼活動共有百餘名未婚男女及長老、頭目參加，活動採先競技後聯歡模式。

在第一項男子技能競賽中，「帕西達」的帥哥「古拉斯」獲勝，但第二次女子歌舞，則由「斯郱」的美女「伊鈴」奪魁。雙方皆大歡喜。

最後一個晚上的螢火晚會，阿美族人發揮了天生歌舞的才情，盡興通宵，「古拉斯」與「伊鈴」也由於在競技中，一個英雄，一位美女，彼此愛慕而產生情愫。

「古拉斯」送了情人袋與口琴兩件定情物給「伊鈴」，而「伊鈴」回贈一顆檳榔，表達自己的心意，兩人還相互約定相會日期。

英雄配美人的事情傳開後，雙方家人並不反對，但是部落長老們卻堅決反對兩部落的聯親，「古拉斯」與「伊鈴」決定攜手私奔，由現今的北埔部落，一直跑到長濱鄉，人煙稀少的地方居住下來。

但是這一對相愛的戀人卻沒有因此而平靜地過活，兩部落長老派人四下打聽其下落，有一天夜裡，「古拉斯」夫婦正要就寢，衝進來一群族人不分青紅皂白綁走了兩人，將他們綁在大石上毆打。其中一名男子持長矛刺中了「伊鈴」的下體，頓時血流如注而致身亡。

「古拉斯」趁大家慌亂之餘逃開，但因為身受重創，在跑了一段距離後不支倒地，而被隨後趕到的族人抓到，以凌遲閹割生殖器官而死。

阿美族人傳說，「古拉斯」被處死的地方，長出了一塊大石柱就是今日的石雨傘，族人稱為「發給魯‧努帕卡」，而「伊鈴」受難處也隆起了一座石山，山壁間出現了一道裂縫，稱為「卡被拉‧努普奇」

就是八仙洞。

現在東海岸上的八仙洞與石雨傘兩地皆是著名的風景據點，而兩塊岩石一南一北遙遙相望，像是一對相愛的戀人無法結合，必須忍受長年分離一般，從中也不難看出阿美族人對自然景觀觀察的深入與想像力之豐富，也憑添東海岸優美文化的動人處。

▲石雨傘。
◀八仙洞。

山海秘境 17

三仙到此一遊
——三仙台

八仙中的呂洞賓、何仙姑與李鐵枴曾經雲遊到東海岸，落腳在三仙台後卻動了凡心編織出一段羅曼蒂克的愛情故事，後來被天神瞧見怒而一劍劈下，將山劈成峽，在跨海步橋建立後，神秘仙跡的面紗才一一被掀開來。

相傳八仙過海時，呂洞賓、何仙姑及李鐵枴三仙經過東海岸，發現海中有一座迷你島嶼，遂停留駐足在島上的一個洞內休憩，他們眼見島上風光明媚、宛若海外仙山，印象極為深刻。

當時呂洞賓與何仙姑兩仙心中默默地喜歡上這座島嶼，仙人暗中動了凡念，相約再度到島上相處，惟當他們在洞內互相愛悅時，不慎被玉皇大帝所派把守南天門的守護神瞥見，天神怒其觸犯天條，取出寶劍一劍砍下，由於力勢太猛，將山壁一劈為二，深及地面。

呂洞賓與何仙姑倉皇向北逃避，何仙姑一直逃到今日樟原附近的八仙洞終於力竭而倒地，形成了八仙洞的靈岩洞，至於呂洞賓則在較近的石雨傘處就躺下，成為一根大石柱。

後人將三仙駐足的山洞取名為「合歡洞」或「三仙洞」，被天神一劍擊中的峽

谷稱為「仙劍峽」，它位於西北兩峰間，寬僅一公尺，相當筆直、壯觀。

三仙台總共有八景，除了上述外，還有海水激流湧入激起萬丈高潮宛若飛龍的「飛龍洞」、可供釣客暫棲身煮食的「三仙盒」、二丈深的石井清可見底，人稱「水晶井」。另外尚有一座可食用的淡水湧泉稱「甘露泉」和一處大窪地，名為「太液池」、釣客最喜愛的「釣魚台」等景緻。

三仙台是一座離岸島，面積約二十二公頃，島上海岸植物種類頗多，被列為自然保護區，從古迄今皆是成功地區重要的釣場，阿美族人經常在島周圍捕捉龍蝦、九孔及紫菜和各類海菜做為食物。

日治時期日本人以島上有三座小山峰，取名為「三仙台」，同時列為名勝古蹟，且因當地風景好、石頭形狀怪異，是一處釣魚賞景好去處，早早成為沿線上最富盛名的風景區。而在東海岸公路尚未開通時就在島上設立了小燈塔，供海上船隻導航。

一九五一年間，一位河北籍的資深國大代表李華棟隨著國民政府撤退到台灣來，選擇了台東縣成功鎮白守蓮山坡地做為養老地點，他僱了一位退伍的老兵照顧生活起居，其間也飼養牛、羊和雞鴨，過著閒淡的田園生活。

李華棟住的地方每天朝夕面對著三仙台，他看著島上依不同季節所產生的千變萬化現象和萬種風情，讚嘆景緻極為美妙，也深信自己所選定的靜養地點實在是一處世外桃源。

李華棟在當地生活久了，結交了一些鎮上機關首長和地方朋友，經常邀他們到「白守蓮別墅」去餐敘喝酒，席間每每談起三仙台，他突發奇想，提出要興建一座步橋連絡島與岸，認為如此可以帶動觀光事業發展，李華棟也私下詢問成功鎮公所工程施工的可行性，還曾經樂觀估算出大約需要經費四十萬元即可完成，這算得上是步橋興建的濫觴。

當初常和李華棟喝酒聊天的人，成功鎮耆老王河盛是其中一個，他回憶到李華棟對此極為熱心，除了極力說服地方人士外，還請他漏夜刻鋼板油印資料好攜帶北上，藉著國代身份和與上層良好關係，促請內政部、國防部與觀光局能夠同意興建。

王河盛說，三仙台過去曾經是海防據點，嚴格禁止出入，也有軍方站哨兵管制，一般人難得入內窺其堂奧，李華棟不氣餒再三反映，終獲上級派員前來勘察，並且逐步取消管制，一直到完全開放並興建跨海步橋。

王河盛私下以「三仙台之父」來稱呼李華棟對三仙台開放所做出的奉獻，他不僅一手策劃開放，施設步橋，同時在取消管制後，還一點一滴地創下島上景點，並以浪漫神話聯想，穿鑿附會引出八仙當中的呂洞賓、何仙姑和李鐵拐等到此一遊的故事。

一九八八年九月，三仙步橋完工，開放了三仙台觀光的新時代，加上東海岸蛻

變，一躍成爲國內旅遊的新寵，大量湧入的觀光客和人爲過度的採擷，島上珍貴植物幾被破壞殆盡，因此步橋興建的利弊有不同的評價，但是這些爭議李華棟都無法聽到，因爲在步橋完工前，他就以八十高齡過世，無緣見到他這一生中念念不忘且最想做的一件事。

王河盛說，三仙台過去在未興建步橋時，逢海水退潮可涉水到島上參觀或釣魚，但偶有因不諳地形潮汐而被海水流失例子，由於三仙台距岸邊約二百餘公尺，在靠近岸前的二、三十公尺處有一座急流海溝，水流強勁，很多人在出發到島上時小心翼翼，但是在回程時，常因警覺心放鬆而遭激流捲走，萬一不愼頭部撞擊珊瑚礁岩就無法游回岸上，白白失去了寶貴性命，這恐怕是神秘的三仙台早期的一頁歷史滄桑。

【三仙台的守護神傳說】

東海岸白守蓮部落的阿美族人生活環繞著三仙台爲重心，當地是他們傳統的漁獵場也是日常食物採取地，傳說在島下海底洞內有一隻海龍，會發出相當大的鳴聲，是三仙台的守護神。

三仙台附近海域正好黑潮流經，蘊含相當豐盛的水族、漁類及螺貝等，阿美族人自古以來就取用於三仙台，並從祖先時代起嚴格自我約束著生態平衡法則，不隨意濫捕和破壞，一旦被發現隨意濫補，頭目就會依罰則，判處違反規定的族人繳交一頭牛給部落。

阿美族人稱三仙台爲「沙瓦里安」，

意思是位於白守蓮部落的東邊，並未賦予
特別涵意，不過圍繞在三仙台周圍的島嶼
據點則是族人代代流傳的生命智慧。

　　早年阿美族族人常利用三仙台退潮時
候，登島或在岸邊撿拾「沙麥」，這類海
菜在每年十至十一月大量盛產，在三仙里
土生土長曾擔任里長，後來選上縣議員的
林富雄形容，就算冬季東北風強勁的帶來
連續大浪，海菜依然能附著在海中礁石
上，它是族人最喜愛的餐桌佳餚，常常趁
著沒浪頭就衝到島上現今燈塔位置靠東方
岸邊去撿拾，該地點族人就叫著「比及卡
樣」，意思是跑得很快。

　　與海浪搏鬥的日子禍福難以預料，偶
而也會有失足的時刻，有一對姊妹花到三
仙台靠北方的岸邊撿海貝回去給父母親
吃，撿著撿著卻忘了時間，直到海水上升，
漲潮了，才發現無法游回岸上，姊妹兩人

眼見海水一下子排山倒海壓頂而來，不禁
驚慌失措地相擁在一起，隨著洶湧波濤淹
沒在海底，後來族人為了這對孝順的姊妹
花表示敬愛，特別取了一個「馬拉花花
愛」的地名永遠懷念。

　　阿美族人依靠三仙台生活了數百年，
「靠海吃海」，族人當中擅長游泳潛水的
很多，但是大家都能遵守著不越矩的訓
誡，族中流傳在三仙台海底洞穴中躲藏著
一隻稱為「及發烏安」的「海龍」，它是
三仙台的守護神，對於貪得無厭的人會加
以懲罰，無論族人有多大能耐，始終無法
逃得過其魔力。

　　曾經有一位名叫「甘那斯」的年輕
人，長得十分高大強壯，有一身好泳技，
入贅到部落裡後就成為最受到欽佩的勇
士，他到海邊去撿拾「沙麥」海菜，收穫
通常也是最豐盛。一次他在退潮之後涉水

到三仙台燈塔下去撿海菜，仗著自己擁有好泳藝，無視於逐漸漲高的潮水，後來果真無法再游回岸上。

族人相信這都是「及發烏安」海龍發怒所產生的結果，因此也在燈塔據點以「巴里甘那珊」來紀念「甘那斯」這位勇士的事蹟，直到今天，不少族人仍不忘記有這一段壯烈的事實。

林富雄說，他的祖父「卡造‧卡布勒斯」是一位優秀的潛水伕，從日治時期到戰後，三仙台盛產的海螺是商人的最愛，許多人嗜其肉味鮮美，也有商人收購用來做裝飾紀念品，因此阿美族人都搶著到海底找這種「大杜谷斯」大海螺，海螺的數量也隨著大量捕捉而急速減少。

林富雄表示，他祖父於一九五七年在燈塔西北方海底洞裏，發現了傳說中的「及發烏安」，當時它發出了淒厲的悲鳴，聲音極為響亮，震動鄰近的海域，「卡造‧卡布勒斯」告訴他，自從那次以後再也沒有看見過「及發烏安」那隻海龍了。

林富雄感慨地說，祖父好像相信「及發烏安」生氣死了，為著族人大肆搜捕海螺，海域中的大型海螺終難逃劫數，迄今三仙台周圍的海域中貝類、魚類等已呈現枯竭，阿美族人跟隨著時代潮流，將自己家鄉珍貴的海底資源搜括殆盡，摧毀力之大，連守護神「及發烏安」都無力挽回。

蘭嶼浪漫傳說
——玉女岩與情人洞

▲ 玉女岩。

　　蘭嶼島上有一座造形奇特的岩石，朗島的雅美人說其背後有一段淒美的「玉女」家庭故事，外來遊客倒喜歡與東清的情人洞聯想一起，認為是當地愛情聖地。

　　玉女岩位於蘭嶼鄉朗島村附近，外形宛如一座小山洞，在洞口處另立了一小段長形的石塊，造形相當與眾不同。而情人洞則在東清村外靠海邊處，它本身是一座海蝕洞，洞內海水清澈無比，像化外仙境般，當地人都了解進入洞中觀賞日出或賞月，是一種絕妙的感受，也有人稱這是蘭嶼的第一美景。

　　雅美族作家周宗經說，玉女岩的雅美語稱呼是「里帕愛米馬諾」，在朗島部落的老一輩傳說中，它是發生在部落族人身上，一個淒美感人的家庭故事。有一對夫婦，生了一個小孩，家中雖然不富有，但是彼此互相敬重，大人小孩生活得其樂融融。

　　這對夫婦和一般平凡的雅美夫妻一樣，平常兩人一起上山種地瓜、芋頭做為食物，在天氣好的時候，先生就划著雅美船下海去捕魚，蘭嶼附近海域過去魚產非常豐富，尤其在飛魚汛來臨時，幾乎隨手用漁撈就可以捕撈到飛魚、鬼頭刀之類的

【蘭嶼軍艦岩】

軍艦岩——遠遠望去像是兩艘雄偉的戰艦保衛著蘭嶼的疆土,現在它是島上的風景據點之一,獨守著一段中年以上族人難以磨滅的歷史。

蘭嶼島除了漁人溪等幾條主溪口沒有裾礁分布外,其他海岸地區均有連續裾礁海岸地形,而雙獅岩海岬海岸外的軍艦岩,是一種連續裾礁的組合地形。

當地雅美族年紀在中年以上的族人都印象深刻,在一九四二年二次大戰期間,台灣與蘭嶼皆為日人統治,當戰爭進入猛烈的階段,盟軍飛機經常到台灣上空進行轟炸,尤其是一見到日本船隊在海上出現,更是集中火力攻擊。

以美軍為首的盟軍飛機曾經在蘭嶼外海乍見兩艘軍艦,以為是日本戰艦,立刻實施相當大規模的空襲,一時軍艦岩周圍砲聲隆隆,火光四竄,嚇得居民不敢外出。

侯一輪猛攻之後,美軍正訝異於日軍「打不還手」的異常舉動時,才發現「軍艦」是一塊礁岩,它的形狀從遠望去與軍艦酷似,難怪讓美軍浪費了不少砲彈,也

虛驚一場,軍艦岩的名聲乃不脛而走。

事件過後,日本海軍注意到蘭嶼的重要性,開始積極在東清灣海濱闢建一座供小型飛機起降的簡易機場,同時在紅頭村附近海岸建立一座「海軍慰安所」,目前這些往事,島上雅美人知道的不多。

軍艦岩擁有這段歷史,使前往蘭嶼島的遊客不自覺地走到它面前會想多瞧幾眼,認識一下這兩艘不沉的軍艦,如何捍衛著蘭嶼。

晚近有許多野生鳥類專家學者前往蘭嶼做生態調查研究,也在軍艦岩發現到一個台灣鳥類罕有的特殊例子,在蘭嶼島上所擁有稀有珍貴鳥種,其中紅燕鷗就是繁殖在蘭嶼東北方,原稱為「駱駝島」的軍艦岩島上,但是因遭受到盟軍砲火轟炸,聚集的紅燕鷗驚嚇得四處逃散,各自分飛外地。

現在,這些紅燕鷗繁衍的後代鳥種,每年七、八月偶而會與蒼燕鷗成群飛到蘭嶼東南岸沿海,這一段難以磨滅的歷史,或許在雅美人身上是一段戰爭的噩夢,但是在紅燕鷗身上,卻是在戰火下被迫遷徙、不幸的一群。

▲軍艦岩。

魚。

先生將捕獲的魚帶回到家裡加以宰殺後，放置在屋外涼台下的竹竿架上曝曬，製成魚乾可以儲存慢慢吃到秋天，同時這也是家人營養補給的來源，一家人不愁吃穿。

有一天，夫婦兩人爲了一件小事爭執起來，從家中一直吵到欲上山工作都未停止，甚至於在途中兩人相互動手打起來，兩夫妻激烈地爭吵，看在小孩子眼裡十分著急，跟著上前想勸解；結果在來到玉女岩的地點，小孩子跑到夫妻當中阻止兩人扭打在一起，想把兩人分開來，但是孩子力氣小，大人的動怒也無法適時化解，急得小孩子當場抱著母親痛哭。

就在哭聲、叫罵聲中，小孩子的雙腳逐漸地變成石柱，然後父母親也跟著成爲石塊，一家三口頓時化爲岩石，形成今日所看到的情況，在兩根石柱當中的小石柱倚靠著其中一根，就是小孩子和母親的化身。

周宗經說，這段淒美感人的故事，其實就是雅美族祖先有意藉此告訴後人，家庭和樂的重要，而非是外地人用肉眼來看的玉女岩形象，他認爲用男女器官模樣來描述是十分離譜的事。

至於被稱爲「杜米阿凹」的情人洞，因爲位在風景秀麗的東清灣，有人喜歡將它與玉女岩附會在一起，傳說過去許多青年男女常到情人洞中約會，彼此互相產生愛意，感情穩定就會到玉女岩去約訂終身，男女非對方不願嫁娶，爲蘭嶼島上添加浪漫美麗的愛情氣息。

【參考書目】

1. 胡傳——台東州採訪修志冊　　台東縣文獻委員會刊行　民41
2. 胡傳——清代州官胡傳台東日記　　台東縣文獻委員會刊行　民50
3. 馬國樑——綠島、蘭嶼　　新世紀出版社出版　民43
4. 後山代誌㈠㈡㈢㈣　　台東縣立文化中心出版　民82-86
5. 東台灣研究〈創刊號〉　　東台灣研究會出版　1996
6. 東台灣叢刊之三——台東平原的移民拓墾與聚落　　東台灣研究會出版　1995
7. 台東農田水利會會誌　　1991
8. 台東縣志〈人民志〉　　台東縣文獻委員會　民53
9. 日治文獻——東台灣展望
10. 日治文獻——躍進東台灣
11. 台灣前期武裝抗日運動有關檔案　　台灣省文獻會印　民66
12. 李來旺——阿美族神話故事　　東部海岸風景特定區管理處出版　民83
13. 台東縣鄉土史料　　台灣省文獻會編印　民86

【感謝提供協助】

敬愛耆老◉王河盛、陳天飛、謝章儀、黃新泉、嚴春雄、陳金榮、林奇義、林錦章、林尚英、蔡　實、李來旺、陳彰輝、林清美、潘進玉、李耀亨。

熱心朋友◉馬來盛、歐德成、陳清正、黃旭正、李錦慧、趙川明、陳參祥、江堅壽、周宗經、陸賢文、林顯佳、林月嬌、胡德慶、蔡時清、黃賢隆、廖聖福、姜國彰、汪智博、賴天和、曾正福、宋坤龍、陳春和、高淑娟、蔡裕良、王錦機、胡武仁、陳德宏、王秀廷。

國家圖書館出版品預行編目資料

後山族群之歌／林建成著. － 第一版. --臺
北市：玉山社，1998 [民 87]
　　　面；　公分. --（影像‧臺灣；18）

　　ISBN　957-9361-87-8（平裝）

　　1.臺灣原住民

536.29　　　　　　　　　　　　87009090

影像‧臺灣 18

後山族群之歌

作　　者／林建成
發 行 人／李永得
出 版 者／玉山社出版事業股份有限公司
　　　　　台北市忠孝東路一段 83 號 9 樓之 3
　　　　　電話／（02）23951966
　　　　　傳真／（02）23951955
　　　　　電子郵件地址／tipi395@ms19.hinet.net
　　　　　郵撥／18599799　玉山社出版事業股份有限公司

總 經 銷／吳氏圖書有限公司
　　　　　台北縣中和市中正路 788-1 號 5 樓
　　　　　電話／（02）32340036（代表號）

總 編 輯／魏淑貞
編　　輯／王心瑩‧蔡蒸美
版面設計／李純慧設計工作室
排　　版／鑫上統電腦排版有限公司
印　　刷／松霖彩色印刷有限公司
定價：新台幣 380 元
第一版一刷：1998 年 8 月